Biblioteca Umoristica Mondadori

Luciana Littizzetto

LA BELLA ADDORMENTATA IN QUEL POSTO

MONDADORI

Della stessa autrice
nella collezione Biblioteca Umoristica Mondadori

Sola come un gambo di sedano
La principessa sul pisello
Col cavolo
Rivergination
La jolanda furiosa
I dolori del giovane walter
Madama Sbatterflay
L'incredibile Urka

🅜 librimondadori.it
anobii.com

La bella addormentata in quel posto
di Luciana Littizzetto
Collezione Biblioteca Umoristica Mondadori

ISBN 978-88-04-67252-4

© 2016 Mondadori Libri S.p.A., Milano
I edizione novembre 2016

Indice

11	Voglio Banderas senza i fagottini
14	La Barbie cozza
16	Maschio Alfa o maschio Peugeot?
18	L'amministratore flambé
20	Il tè giallo
22	Braveheart a Pinerolo
24	Se il maschio rompe anche le acque
26	Happy sciallallà
29	24 ore pro nobis
32	Lavatrice vietata ai minori e ai minorati
34	Il pipino del Pupo
36	Berté e Battià
38	"Ambiancé"
40	Tetta on demand
42	Il ping pong di Madonna
44	Addio, CiccioBilly
46	Montepulciang
48	Figli delle stelle
50	Cessobus
52	Il mitico Luciano Onder
54	L'amore ai tempi del koala

57	Ma congelatevi il walter!
59	Silvoterapia
61	Pening review
63	Papa Francesco veste H&M
65	Liscia, gassata o... cagarelle?
67	Prostamol
70	Prêt-à-scaglier
72	Un "Big Frank" con patatine, per favore
74	Tre centimetri sopra la jolanda
76	La "zampicure"
78	Queen Elizabeth
80	La domotica del picchio
83	Al cul test
85	La grande mollezza
87	Stasera gnocca al vapore
89	Il portaschifo del Tibet
91	La strana coppia
95	W la Sederconsumatori
97	"Cara ascella, ti scrivo..."
99	Una laurea in didietrologia
101	Il calendario di Vladimir
103	Voglio rinascere gufa
105	Il lifting verticale
107	Buone notizie da Beckingham Palace
109	Le emorroidi di Brusss Lì
111	Polveri molto sottili
113	La cacca degli astronauti
115	La borsa gialla dell'Ikea
117	Sodoma, Gomorra e iPhone
119	Andy con la barba
121	Accademia della Crusca... e del Germe di Grano
123	Menopausa: non pervenuta
125	Amando Amatrice

127	Cercasi autunno disperatamente
129	Saratopa
131	Il bancomat intestinale
133	Dalla "a" di Adele alla "zeta" di Zoe
135	Il materasso in marmo di Carrara
137	Fatti dare uno strappo
139	Loculizziamoci tutti
141	Caporalato 2.0
143	E mi scivoli sull'extravergine?
145	Rat-friendly
148	Godzilla Pio
150	"A prova di uomo"
154	Terra pelosa, Terra virtuosa
156	Il Duomo in malora
158	Zero sfumature di walter
160	Venere con il passamontagna
162	Il libro liofilizzato
164	Hai l'overbooking nel cervello?
166	Ripapiamo questo papa
168	Le onde del destino
170	Se il finale è troppo aperto
172	Grande Sorella
174	Tutti guru con le palle degli altri
176	Via dei Pazzi numero zero
178	Minzione speciale
180	Grossa grana per il Grana
182	La ceretta col lanciafiamme
184	Occhi a mandorlissima
186	Vade uretra, Satana!

La bella addormentata in quel posto

A mio papà

Voglio Banderas senza i fagottini

Parliamo di una pazzeschissima novità che arriva dall'America: la pillola rosa. Si chiama Flibanserin e serve a rimettere in moto il desiderio delle donne, che a una certa età cade nel torpore. A una certa età scema. Diventiamo sceme e anche il desiderio scema. Evapora, crolla come il *down* jones. Più che un desiderio, il sesso diventa un gradito ricordo. Se vedi un walter vorresti morire. Gli giri intorno come fosse una rotonda francese. Lo scambi per uno zucchino lasciato troppo nel frigo, lo prendi e lo butti nell'umido. Vedi un walter e ti viene in mente che l'indomani potresti fare le rolatine. Invece d'ora in avanti prendi la pillola e alé!, ti tornano le fregole, ripartono gli ingranaggi del piacere.

La chiamano il Viagra rosa, e già cominciamo male. Il Viagra mica lo prendi perché ti venga voglia. La voglia ce l'hai eccome, lo ingolli perché devi sostenere Pereira. Lo butti giù e lui si tira su. Il Viagra maschile è una gru chimica, un cric per la ruota a terra... il Viagra rosa invece non deve sostenere proprio nulla.

E poi il calo del desiderio nelle donne dopo i cinquant'anni è una cosa naturale, non una malattia da curare. Piano piano smettiamo di essere fertili, le nostre uova finiscono, non facciamo più figli a parte Carmen Russo e la Nannini, e quindi naturalmente pensiamo ad altro. Tipo andare al cinema, farci dei weekend con le amiche, andare a correre, visitare le capitali europee in bassa stagione... l'elenco di cose che a una certa età preferisci fare piuttosto che fare sesso è lungo, compreso andare a corsi di agility per cani.

Insomma, fra un salto sul walter e un pacchetto di prugne California rosicchiato davanti alla TV, sogni la California.

Comunque. Calerà anche la libidine, per carità, ma i problemi sono altri... Dammi Banderas senza i fagottini ma col suo bel fagottone e vedi come mi si riaccende il desiderio! Dopo vent'anni che balli la stessa rumba magari ti viene voglia di provare il merengue. Un tango figurato, o una milonga in sei ottavi. Altro che Viagra rosa. Come fai ad avere voglia di fare l'amore con uno che da vent'anni ti trascini dietro nella buona e nella cattiva sorte? Anche se ti impilloli di rosa, che libido ti scatena uno che si mette i pinocchietti e i calzini corti, la cuffia quando fa la doccia, e che ti porta i fiori da fidanzato e da vedovo, ma in mezzo, niente?

E poi. Se ti sbagli? Se prendi la pillola rosa al posto di quella per il reflusso gastrico? Poi esci e stendi nell'aiuola delle rose chiunque ti capita a tiro, compresi gli ausiliari del traffico. Metti che una prende sto Viagra rosé, le parte il frisson, l'arrapage, il "'ndo cojo cojo", si mette tutta in tiro, fa la ruota come una pavona e poi incontra un orbettino. Un friariello.

Hai buttato i soldi per la pillola, hai ridato fiato alle trombe, riacceso le macchine in sottocoperta e poi davanti ti si presenta un Pocket Coffee?! È un bel casino. Tanto rumore per nulla. Allora meglio restare chiusa nei tuoi appartamenti e finita lì. A meno che tu, bella poiana, non plani su un pulcino dalle piume tenere che almeno in quel caso sei garantita.

E per finire. A differenza del Viagra, la pillola rosa la devi prendere tutti i giorni, come quella anticoncezionale, e ha anche un sacco di effetti collaterali, che sono: nausea, sonnolenza, capogiri. E se ci bevi sopra un bicchiere di vino, svenimento. Ma capisci? Tu la mattina prendi la tua bella pasticchetta, e la sera galeotta esci, giri un po' in tondo come una cimice verde che non sa dove andare, poi stramazzi nelle begonie. Ti rialzi, vai all'appuntamento con il tuo lui, gli vomiti sulle scarpe, a cena ti addormenti col naso negli spaghetti allo scoglio, assaggi un goccio di vino, poi gli sbottoni la patta e perdi conoscenza. Et voilà.

La Barbie cozza

Evviva, è uscita una nuova Barbie! Ci mancava. Sai che la Barbie ha fatto di tutto: la maestra, l'astronauta, la ballerina, l'infermiera... ci manca solo la Barbie igienista dentale e la Barbie nipote di Casamonica. E adesso è uscita l'ultima novità. La *Lammily*. Una specie di Barbie, però racchia. La Barbie cessa. La Barbie cozza... In pratica una bambola che invece di essere fichissima, perfetta, tipo Belén ma di plastica, con le gambe lunghe come la Salerno-Reggio Calabria e i capelli della Panicucci prima maniera, è urfida. Ha il baricentro basso, i fianchi svasati, le cosce da terzino dell'Atalanta e le ginocchia a bocce di *pétanque*. In più ha la cellulite, le smagliature, le cicatrici e i brufoli adesivi che puoi appiccicarglieli addosso.

Così, invece di giocare con la Barbie che va a cena col suo fidanzato oppure porta a scuola i bambini, passi il tempo a sfigurarla. Le attacchi un porretto alla Bruno Vespa, una cicatrice alla Mickey Rourke, oppure le incolli la cellulite adesiva. E poi porti la Barbie dal chirurgo estetico a farsela togliere. L'unica cosa furba in questa nuova Barbie sono i piedi. Alla *Lammily* hanno fatto i piedi normali. Sia ringraziato il cielo. No, perché la Barbie classica ha i piedi minuscoli con il tacco incorporato, cammina sempre sulle punte, che se nella vita una avesse i piedi così si ribalterebbe a ogni passo come Luca Giurato.

E tutto questo perché? Per dare alle bambine il senso della realtà. Scusate, apro solo una piccola parentesi. A parte che nella realtà la cellulite non si stacca... volevo dirlo al "barbaio", al "barbigrafo". Magari si staccasse! La cellulite non la togli neanche con il raschietto per levare il ghiaccio. Il nido d'ape sulle cosce non va via neanche se ci metti una carica di dinamite. Manco se ti entra Chiellini in scivolata, se gli passa sopra il Quinto cavalleggeri, l'Armata rossa a passo dell'oca e lo stormo dell'Aeronautica militare. Mai. Di tutti i mai del mondo dei mai. Solo per mettere i puntini sulle "i" di imbecille.

Tutto questo sbattimento per far passare ai bambini il messaggio: "la normalità è bella"??? Grazie barbaio. Avevamo proprio bisogno che ce lo dicessi tu. Noi che non abbiamo il culo rivolto alla luna ma alla madre terra, che non abbiamo la pancia piatta ma a bomboniera, aspettavamo proprio te, per scoprire che la normalità è bella. Questa bambola servirà a far capire ai bambini che il mondo è fatto anche e soprattutto di imperfezioni. Ma lo sappiamo! E lo sanno anche loro purtroppo. Ogni giorno si sciroppano in TV dolore a mestolate, tragedie del mare, disastri cosmici. Invece il mondo della fantasia è il mondo della fantasia, deve godere di una certa immunità... Lasciamo che il principe sia azzurro e la Barbie figa. Se no è uno schifo già dall'inizio. Allora facciamo anche Ken con la prostatite e Cicciobello con l'acne. Inventiamo il Lego coi mattoncini per le costruzioni abusive, l'Allegro chirurgo che mette le valvole spanate per fare soldi, e la principessa che il pisello non lo sopporta sotto il materasso ma sopra sì.

Maschio Alfa o maschio Peugeot?

Certo che le pubblicità delle automobili sono strane. Le distingui dalle altre perché di solito sono quelle in cui non si capisce una mazza dall'inizio alla fine, dicono parole a caso tipo "motore", "potenza", "strada", "futuro" e poi alla fine ti fanno un primo piano delle macchine. Però la Palma d'oro, l'Oscar, il Nobel come quello di Bob Dylan ma per lo spot, va alla nuova pubblicità della Peugeot con Stefano Accorsi.

Intanto diciamo che se vedi Accorsi su una macchina l'unica cosa che ti immagini è che abbia i sedili reclinabili, così li tiri giù e lo ripassi in padella come la cicoria. Invece no. Allora. Stefano è lì che guida tutto fascinoso, il classico maschio Alfa che, combinazione, poi sta su una Peugeot, con lo sguardo profondo e la mascella volitivissima, non come la maggior parte di voi maschi che guidate con le dita nel naso, vi scapperate per ore... Ce n'era uno l'altro giorno al semaforo che sembrava volesse tirar fuori il coniglio dal cilindro. Non è che si scaccolava, faceva un trasloco...

Dicevo. Stefano guida e tra l'altro fate attenzione: non c'è nessuno per strada, c'è soltanto lui. Già questo è un po' strano. Ma com'è possibile? Quando va in giro Accorsi tutti gli altri rimangono a casa? Ci sono proprio delle "accorsie" apposta? Se ti sintonizzi su Isoradio o Cis viaggiare informati dicono proprio: "La tangenziale di Milano stamattina è completamente vuota perché sta passando Stefano Accorsi"?

Comunque il bello arriva dopo. Ad un certo punto, Accorsi incontra un incendio... e cosa fa? Si ferma? Chiama i pompieri? Cerca di domarlo? No no. Accelera. Passa attraverso le fiamme. Crollano rami, si incendiano i larici, fumano i pioppi, gli attraversa la strada persino un cervo con il fuoco al culo e lui niente. *Brum, brum!* accelera. Fino a quando raggiunge la strada normale, tutta sgombra, e si vede che l'incendio se l'è lasciato alle spalle.

Per carità, tutto bene. Però adesso che t'è passata la paura, Stefano mio, fermati, posteggia, tanto non c'è nessuno, chiama i pompieri almeno. Fai un 115, un 113, avverti qualcuno, fai qualcosa. No, a lui che cacchio gliene frega. Lui c'ha la macchina nuova, se nel frattempo brucia tutta la Barbagia e ci vogliono poi venti Canadair per spegnere l'incendio non è un problema suo. Se una guardia forestale gli chiede: "Ma scusi, signor Accorsi, sono andati a fuoco duemila ettari di macchia mediterranea e lei non se n'è accorto?", lui risponde serafico: "No, ero concentrato sulla guida... ho visto un cervo col culo in fiamme ma pensavo fosse una specie autoctona".

E poi comunque non è credibile. Secondo te quando un maschio italiano vede un incendio ci passa dentro con la macchina nuova? Ma se i nostri alfa-maschi quando trovano una cagatina di piccione sul parabrezza la puliscono con la lingua per non rigarlo, figuriamoci se vanno a infilarsi nel fuoco... Il maschio italiano ci tiene più alla macchina che alla moglie! La moglie, butterebbe tra le fiamme, non la Peugeot.

L'amministratore flambé

È indiscutibile: stiamo diventando tutti matti. Facciamo cose che noi umani non potevamo neanche immaginarci. Siamo in una fase di incazzatura cosmica dove tutti litigano con tutti. Non esiste più il dissenso leale, scatta subito il conflitto, la zuffa. Se non la pensi come me ti pelo. Anzi, ti brucio.

A Torino, nella nostra bella *Turin ca bugia*, che si muove, precisamente a Collegno, un tipo è andato all'assemblea di condominio e ha cercato di dar fuoco all'amministratore. Così. *D'emblée*. Voleva farlo flambé. Diciamo che forse ha frainteso il concetto di riscaldamento autonomo... Tra l'altro stiamo parlando di un signore di ottantun anni, neanche un giovane manzo come Karim Capuano che è abituato a masticare le orecchie dei vicini di casa. È vero che le riunioni condominiali non sono esattamente luoghi di incontro dove si ascolta Bach mangiando macarons, di solito sono peggio dell'"Arena" di Massimo Giletti, somigliano di più alle risse fra gatti, ma raramente si arriva all'omicidio.

Forse è capitato che qualcuno in preda all'ira funesta abbia bruciato il verbale di assemblea come in *Fahrenheit 451*, ma basta così. E invece il signor Antonio prima si è intabaccato ben bene con l'amministratore per Dio solo sa cosa, dopodiché gli ha versato addosso della benzina e ha cercato di dargli fuoco con l'accendino. Voleva farne un falò. Per fortuna gli altri condomini lo hanno bloccato. Dico per fortuna, perché non è detto. Magari erano così presi dalla discussione sulla bonifica del vano ascensore che potevano essere distratti.

Ma io dico. Quando Tony l'incendiario è arrivato con la sua bella tanica di benzina nessuno si è fatto una domanda e si è dato una risposta? Cosa hanno pensato, che avesse portato la benzina per sgrassare le ringhiere? Non è normale che tu vada a un'assemblea di condominio con una cisterna di gasolio... Per carità, è vero che certi amministratori hanno la testa di legno, ma non per questo devi pensare di adoperarli come ceppi da camino.

Provare a dar fuoco all'amministratore non è come cercare di strangolarlo, che al limite ti parte la briscola, ti viene un momentaccio di rabbia e cerchi di far fuori uno, così, con quello che trovi. No, qui vuol dire che, andando alla riunione, questo simpatico nonnetto sapeva già che sarebbe finita in grigliata. È vero che ogni condominio è una polveriera. Che la Striscia di Gaza al confronto sembra il posto ideale dove passare i weekend. Ho letto che in Italia ci sono circa due milioni di cause, ogni anno, generate da liti tra inquilini: la paralisi della giustizia nel nostro Paese è dovuta al fatto che l'inquilino del terzo piano scuote la tovaglia sulle lenzuola stese di quello del secondo o che quello del quarto piano sposta i mobili alle tre di notte. Si va in tribunale perché il cane di uno piscia sui gerani dell'altro, e gruppi pro o contro le plafoniere si picchiano silenziosi con calzini pieni di sabbia negli androni in penombra...

Comunque, tutto è bene quel che finisce bene. Il fuochista Tony è stato rinchiuso. L'amministratore si è licenziato. E adesso i condomini hanno appeso un nuovo cartello sul portone: CERCASI AMMINISTRATORE IGNIFUGO. La sicurezza innanzitutto.

Il tè giallo

Notizia very strong. Una *strongata* coi fiocchi. Spostiamoci in India e parliamo di questa bella ragazza di trentadue anni, tale Rekha Nagvanshi. Allora. La giovane Rekha, dopo essersi sposata (con un matrimonio combinato), si è accorta di non amare per niente il marito e soprattutto di non sopportare per nientissimo sua suocera. Peccato che lei ci vivesse, con la suocera. E così per anni la povera Rekha ha sopportato in silenzio. Mai un lamento, mai un'alzata di voce, mai un rimbrotto tipo "tua madre è una stronza", niente. E il rapporto diventava sempre più conflittuale e tormentato. Fino a quando lei non ce l'ha fatta più. È andata in burn-out. Le è partita la scoppola, ha scollinato.

E cosa ha fatto, la dolce Rekha, per salire all'onor di cronaca? Per un anno la giovane, senza dire né "a" né "ba", senza mostrare astio o risentimento nei confronti della suocera, le ha però fatto pipì nella tazza del tè. Tutti i giorni. Tutti i santi giorni che Dio ha mandato in terra per un anno, la Rekha di nascosto, *psss*, spillava, invece che una birretta, una tazzina della sua pipì e faceva il cocktail alla vecchia. Per 365 lunghissimi giorni, che piovesse o tirasse vento, ha spisciazzato nel tè della suocera.

Purtroppo però un giorno lei l'ha beccata in flagrante. Ha aperto la porta del bagno e trovato la nuora che le orinava nella tazza... ma non del water, nella sua della colazione. Metà tè delle Indie e metà tè dell'Indiana. A quel punto la nuora avrà provato a bluffare, dicendo cose tipo: "Senti. C'è il tè verde, il tè nero, quello rosso, quello bianco, adesso c'è anche il tè giallo". Ma credo con scarsissimi risultati. Ed è scoppiato l'inferno.

Intanto una cosa. Complimenti alla Rekhona. Io, per dire, avrei fatto magazzino. Ne avrei messa via un bottiglione, una damigiana da parte e poi avrei tirato giù da lì. Invece lei metteva pipì fresca tutti i giorni. E comunque. Anche la suocera. Com'è che non se n'è accorta? Che non si è resa conto che mezza tazzina di ambrato liquido non era Tè Ati ma Tè Pipi? Ma guarda che il gusto è forte eh? Chiedi alla Brigliadori che faceva l'urinoterapia. Anche l'aroma... non è *Mariage Frères*... Se entri in un cesso dell'autogrill e hai i tacchi, traballi e ti accasci. Rekha un giorno avrà mangiato gli asparagi, no? Niente. La suocera niente. Naso diversamente abile. Lo tirava giù con piacere, magari inzuppandoci dentro qualche bel biscottino indiano.

A meno che la nuora non avesse... oh che pensiero stupendo, come la canzone di Patty, a meno che non avesse anche fatto qualcosa sui muffin, li avesse farciti... Ma pensiamo positivo. Magari l'urina di Rekha è curativa. E la suocera sta bene, è in forma smagliante grazie all'orinar della nuora. Guarda che può essere, eh, che nella pipì si celino tesori inestimabili. Può averle fatto l'effetto delle tagliatelle di nonna Pina "un pieno di energia... effetto vitamina". L'India è sempre piena di misteri e sorprese proprio come in *Siddhartha*.

Comunque, sembra che io difenda la nuora per partito preso. Ma che cosa ne sappiamo, noi, di cosa la suocera mettesse dentro i cannelloni?

Braveheart a Pinerolo

Ecco una di quelle notizie che fanno l'effetto diavolina per il camino. Che tu la butti lì come fosse un cubetto di zucchero qualsiasi e... *svamp!* ti accende. Una notizia non bella. Di più. Siete pronti? Torna di moda il kilt. Il gonnellone a pieghe con spillazza incorporata. Non sentite l'entusiasmo che vi scorre nelle vene? Io quando ho letto la notizia ho fatto la faccia dello scarafaggio che assaggia il Raid. Però state tranquille, amiche. Torna di moda tra gli uomini. D'altronde anche gli dèi greci portavano il gonnellino plissettato eppure rimorchiavano un casino...

Immaginatevi i vostri boy con la gonna e le gambette spelacchiate. Perché la maggior parte di loro ha le zampe di gallina. Ma non intorno agli occhi. Sotto. Gialle e rugose. E poi i maschi a una certa età diventano deculizzati, hanno solo tracce di culo, come l'albumina, pensa come può stargli bene un kilt... Comunque, secondo me, un maschio che non abbia inclinazioni da drag queen la gonna non la mette. Neanche Platinette si mette la gonna, ci sarà ben una ragione, no? Eh ma loro dicono: "Guarda com'era sexy Mel Gibson ai tempi di *Braveheart*...". Eh, però era anche tanto Mel Gibson, non l'ingegner Pautasso di Pinerolo o il dottor Onorato Pingoni di Molfetta con la barba sulle cosce. Un conto è vedere al cinema un maschione scozzese che combatte a sciabolate mentre tutto intorno è Medioevo, e un conto è trovarsi un impiegato della Regione con la gonna scozzese che ci porta a mangiare il sushi... Tu pensa: viene l'elettricista a cambiarti il lampadario e sale sulla scala in minigonna come la Caprioglio.

Ma pare che oltre al fatto estetico la gonna negli uomini dia anche un vantaggio fisiologico, perché il kilt aumenta la fertilità. L'hanno scoperto dei ricercatori olandesi. Pare che la temperatura di quel prezioso sacchetto che custodisce gli amici di Maria, di quell'inestimabile scrigno che racchiude i due kiwi, sia fondamentale per ottenere seme di buona qualità. Troppo caldo non va bene e troppo freddo nemmeno, ci vuole freschezza, aria che circola, i due cari amici devono ciondolare allegri come Stanlio e Ollio in una comica. D'altra parte, tutti i giochi con le palle sono meglio all'aria aperta, vedi calcio, tennis e golf. E quindi il kilt è perfetto.

A questo punto ci sarebbe però da domandarsi una cosa: se davvero il kilt aumenta la fertilità, perché gli scozzesi sono qualche milione e i cinesi un miliardo e mezzo? Come se le raffreddano in Cina? Le prendono coi bastoncini come due ravioli al vapore e le tengono al vento dello tsunami?

Comunque. Il kilt è l'ideale per la fertilità. Si sa che sotto non si portano le mutande. Guai al mondo. Uno scozzese con le mutande è come vedere Balotelli pettinato come Di Maio, non esiste. Quindi gonna a pieghe e sotto niente. E in questo modo dovrebbe essere garantita la fertilità massima per mettere al mondo un figlio. Unico problema: con chi? Perché le donne, col cavolo che stanno con un uomo vestito come la loro zia da giovane, con uno che per venirti a prendere si mette il tutù come Carla Fracci... Piuttosto qualcuno dovrebbe inventare un sistema di aerazione per inguine, un mini ventilatore da agganciare alla cerniera lampo. Pure una borsa frigo per gli amici di Maria andrebbe bene, che te li tiene sempre freschi e se ne avvantaggia anche l'ingombro. Solo che con alcuni, per rianimarli là sotto, non basta il kilt... ci vuole il tailleur della Merkel o un Pinguino De'Longhi.

Se il maschio rompe anche le acque

Notizia ribaltone che stravolgerà la vita del maschio sulla terra. Da oggi nulla sarà più come prima, più di prima t'amerò. Udite udite: il maschio umano fra dieci anni sarà in grado di partorire. Il maschio dell'homo sapiens tra un decennio potrà rompere le acque oltre alle balle. Lo dicono gli scienziati dell'università di Cleveland e nello specifico la dottoressa Karine Chung, che sta lavorando per la sperimentazione clinica del primo trapianto di utero, e alla quale dico: brava Chung, bella cazzata.

Ma scusa, con tutte le malattie, con tutte le sofferenze che ci sono nel mondo, tu vai a pensare al trapianto di utero nell'uomo? Ti sembra una priorità? Ne vedi tanti, tu, cara Chung, di uomini in giro che desiderano una gravidanza? Non era meglio, se proprio volevi passare un po' di tempo a inventare minchiate, studiare il metodo per far fare la pipì in piedi a noi donne invece di cercare il modo per far partorire gli uomini? Non serve a niente lo stesso, ma almeno non devi sventrare bacini e costruire uteri di plexiglass. Ma la Chung dice che in fondo far partorire i maschi non è così difficile perché non ci sono tante differenze tra l'anatomia maschile e quella femminile.

Eh certo. Uomo e donna fra loro si somigliano di più che una donna e una lumaca o un uomo e un tonno a pinne gialle. Minchia, Chung. Dev'essere proprio nell'istinto dei cinesi taroccare qualsiasi cosa... Lei sostiene che bisogna organizzare solo dei piccoli spostamenti di organi interni per fare spazio. Come quando porti a casa un mobile nuovo dell'Ikea. Cioè per farci entrare un utero, per dire, devi spostare un trancio di fegato, levare due o tre costole e qualche metrata di intestino...

Non mi sembra poco, amore della lontana Cina, sai? Per far partorire un uomo bisogna svuotarlo con il cucchiaino come si fa con gli avocado o i frutti della passione. Senza contare che a fine gravidanza anche l'uscita classica è un po' un problema. Da dove lo vogliamo far partorire? L'uomo, detto in bel modo, è un groviera a buco unico! Forse l'idea potrebbe essere farlo nascere dall'uscita posteriore, dall'ingresso artisti, dal tubo di scappamento... Se invece, cara Chung, i bambini sono due gemelli, si potrebbe tentare l'opzione di farli uscire dalle narici, come le caffettiere con i due beccucci, grandissima pirla. E tutto questo perché? Per permettere all'uomo qualcosa che molto difficilmente potrebbe desiderare.

Ma poi hai idea di che rottura di maroni fotonica un maschio incinto potrebbe essere per la moglie? Già quando avete le emorroidi voi maschi fate testamento, con la febbre a 37,8 chiamate tutta la famiglia al capezzale, se vi spunta una pustola dentro al naso avete paura che vi venga il cimurro, figurati in gravidanza. Siete terrorizzati se dovete strapparvi un cerotto dai peli, figurarsi affrontare una decina d'ore di travaglio e poi mettere al mondo un comodino di quattro chili! Le donne sì, le donne sono geneticamente abituate a sopportare il male da millenni! Ma gli uomini? Quanto pensate che romperebbero? E al posto dei vestiti premaman cosa ci sarebbero? Dei vestiti *prepapan* da uomo? Completo da bancario grigio con marsupio per pancia di otto mesi?

Ascolta, Cin Ciu Seck, se proprio vuoi donare a un uomo qualcosa che hanno solo le donne, regalagli le orecchie calve come le nostre. Che a loro dopo i cinquant'anni crescono dentro le rosaspine.

Happy sciallallà

Contengo a stento l'entusiasmo perché ho visto in TV una nuovissima pubblicità che mi ha riempito il cuore di gioia. Intanto a sua discolpa tocca dire che si tratta di un prodotto impegnativo. Non stiamo parlando di un detersivo per i piatti o di biscotti senza olio di palma.

Fatemi aprire questa piccola parentesi: ma com'è che adesso è partita la vena dell'olio di palma e ce lo fanno a fette? Una volta l'olio di palma non sapevamo manco che esistesse, adesso sembra che sia una maledizione. La iattura massima. Vedrai che faranno anche la domenica delle Palme senza palme, prima o poi. Olio di palma equivale a merda delle merde, peggio del virus della mucca pazza, peggio del polonio radioattivo. Adesso non c'è più una scatoletta, un pacchetto o una confezione in cui non scrivano sopra "Senza olio di palma". Scusate, ma se fa male non ce lo mettete più e fine, no? Non c'è bisogno di specificare. Non è che ci sono in vendita, che ne so, delle confezioni di budino con scritto "Senza chiodi". È ovvio che i chiodi nel budino non ci vanno. O "Latte senza cimici".

In questo caso invece si tratta della pubblicità di una nuova carta igienica. Ma non una qualsiasi, tipo: morbida, tre strati, sette veli... *nein*. Questa, colpo di scena, è umidificata. Ne sentivamo fortemente il bisogno. In pratica, hai presente le salviette che ti danno nei ristoranti dopo che hai mangiato le cozze? Uguale. Solo che le cozze, quando ti serve la carta igienica umidificata, sono già molto più avanti nel processo di assimilazione.

Per carità, io mi metto sempre dalla parte dei creativi. Sulla carta igienica hanno già fatto di tutto... Dante che ci scrive sopra la Divina commedia, le formiche che si buttano dalla finestra e la trovano resistente, torri, principi, principesse e rotoli che caracollano a valle... obiettivamente è un bel casino. Non è che puoi chiamare un testimonial tipo Bruce Willis che sventola il rotolo di carta igienica gridando: "Prende! Prende!".

Persa per persa, si saranno detti i creativi, se non è la carta, signori, qual è l'altro grande protagonista di questa relazione così intima?

E quindi si sono inventati un cartone animato dove i personaggi sono... volete che ve lo dica in parole semplici? Delle facce da culo. Yes. Culi animati, che tra l'altro ballano e cantano e si potrebbe dire a ragion veduta che sculettano. Nello spot si vede una porta che si apre, parte una musichetta ed entra un culo che danza e gorgheggia. Tra l'altro con gambe e braccia e la bocca al posto del... pertugio. Una famiglia intera. Un Family Day di culi. C'è il culo figlio che ha il ciuffo alla Alessio Bernabei; il culo con i capelli come i miei, una femmina, probabilmente una cula, e poi, ve lo giuro, ce n'è uno con i baffi. Tipo Costanzo. Altro che la camicia coi baffi, qui siamo molto oltre.

Ma poi la cosa meravigliosa è che cantano e ballano come se fossero Fabio Vacchi in Costa azzurra... "Happy sciallallaà. Com'è bello essere così felici. Happy sciallallà." *So nice to be happy.* Culi allegri, diciamo. E perché cantano? Perché sono puliti, visto che la carta igienica è umidificata, e puoi usarla anche quando sei in giro al posto del bidè.

Capito l'entusiasmo? Io non ho mai pensato che il culo avesse uno stato d'animo. Triste, allegro, incline alla malinconia. Il mio, per esempio, tira avanti. Anche se si fa un culo così. E comunque non so se vorrei una carta igienica che me lo facesse cantare. Lo preferisco come le anatre:

muto. Perché metti che ti invitano gli amici a cena: vai in bagno, sei lì che stai attenta a non fare rumore, e poi ti parte da sotto "Happy sciallallà"...

E tutti sanno che effetto ti fanno le cozze.

24 ore pro nobis

Papa Frank ha fatto partire un nuovo bombardone. In uno dei suoi discorsi, quelli che fa a ruota libera e dove spara alla "'ndo cojo cojo", dice pane al pane e vino al vino senza stare a moltiplicarli, se l'è presa con i suoi colleghi. E ha detto che prova dolore quando vede che le parrocchie hanno gli orari come i negozi, mentre dovrebbero stare aperte sempre, a qualsiasi ora, "24 ore pro nobis"... come i distributori automatici.

E a metà dei don Abbondi è venuto uno sciupun. Ma ha ragione, scusa. Il Carrefour è aperto 24 ore su 24 e le parrocchie no? Tra l'altro i preti sono stati i precursori del lavoro "fuori orario". Se ci pensi sono stati i primi a fare le aperture domenicali.

In Italia l'unica parrocchia sempre aperta è quella di Don Matteo... Lui sì che si dà da fare. Giorno e notte gira in bicicletta, indaga, svela gli assassini, sfancula i delinquenti e bastona i ladroni. È così che si deve fare. Un prete dev'essere sempre disponibile, deve essere un prêt-à-porter. Invece sulle porte di certe parrocchie ci sono degli orari come quelli di uno psicanalista. "Martedì, mercoledì e venerdì dalle 17 alle 19.30"... Io trovo giustissimo lasciare sempre aperte le porte delle chiese. L'importante è tenere chiusa quella della sacrestia, se no fa corrente. Certo i sindacati non l'hanno presa bene... Landini stava già organizzando uno sciopero generale di preti e perpetue. La Camusso voleva prendere a testate San Pietro.

In realtà i sacerdoti hanno anche ragione: con la crisi delle vocazioni c'è carenza di personale, e i preti sono sempre più anziani. E allora la soluzione è presto fatta: è la volta buona per fare le pretesse. Di sicuro le donne sono molto più allenate degli uomini agli orari lunghi. Le donne non smettono mai. Una pretessa, cari miei, starebbe sveglia fino a che non chiudono le discoteche alle sette del mattino... andrebbe a raccogliere le pecorelle che han tirato giù troppi Long Island. Una pretessa mentre battezza cambia anche i pannolini al neonato, sa sempre dove ha messo le ostie e non apre tutti i cassetti per rovistare e capire dove sono finite! Una parroca, caro mio, ti sente l'alito e se ti sei fumato le canne, che non sono quelle dell'organo, ti prende per le orecchie e ti scuote come una tovaglia. Vedi, quando e se ci saranno le curate, come girerà poi bene la Chiesa cattolica. Altro che "polvere sei e polvere ritornerai". Le pretesse passano tutto col Folletto e ciao ninetta.

Se no, se non vogliamo che le donne si pretino, l'altra soluzione potrebbe essere quella di far fare alle parrocchie il triage come al pronto soccorso. Codice bianco: non c'è nessuna urgenza, il nonno novantenne vuole scappare con la badante, il parroco va a ricordargli che a novant'anni si è vicini al grande passo. Codice giallo: urgenza... il fedele chiede che il parroco parli col figlio ventenne che sta per comprarsi un altro esame all'università, come cantano Fedez e J-Ax. Codice rosso: emergenza... Formigoni vuole confessarsi. I sacerdoti ordinari si limitino a circondare la casa senza intervenire, è in arrivo un esorcista da Roma.

Resta il quesito teologico finale: se tengono sempre aperte le porte delle chiese... San Pietro che se ne fa delle chiavi?

Se le parrocchie vogliono chiudere c'è qualcuno che invece trionfa, onnipresente. Sto parlando di Radio Maria, la radio che si prende anche a tua insaputa come Scajola. Tu prova in autostrada a sintonizzare la radio su una stazione qualsiasi: non puoi, ti parte sempre Radio Maria. Stai ascoltando un pezzo heavy metal... di colpo ti parte il rosario. Deve avere dei ripetitori nucleari, comprati direttamente dalla Corea del Nord. La senti anche nei citofoni... accendi la lavatrice e c'è Radio Maria.

Comunque adesso si lamenta, le è presa un po' la tigna, per via della sua pagina Facebook. Sì perché quando nella pagina Facebook posta le preghiere, tutti rispondono: "Amen" e intasano la posta. Fanno come in chiesa, "Amen", solo che lo scrivono. E Maria, intesa come Radio, si è stufata, e l'altro giorno ha pubblicato questo messaggio: "Basta amen". Stop amen. Scrivete un commento e non amen nei vostri post.

Ma scusa Radio Mary? E cosa vuoi scrivere, dopo una preghiera? "Bella zio"? "Batti il cinque"? Cosa scrivi, "Andate in pace, ci vediamo al casello di Pero Nord"? Le risposte possibili a una preghiera, cosa sono? Amen... ora pro nobis... e sempre sia lodato. Fine. Se no, bisogna che Radio Maria cominci ad accettare delle risposte più laiche... tipo: "senz'altro", oppure "anche a lei e famiglia", "i miei ossequi", "tante care cose". Piuttosto è strano che si preghi su Facebook. Intorno a Gesù si radunavano le folle, non i followers. Ma non voglio impelagarmi in discorsi che tanto so già mi si rigirano contro. Per cui amen.

Lavatrice vietata ai minori e ai minorati

Andiamo a Bologna. Dove una marca di felpe ha pensato bene di inserire nell'etichetta della maglia la scritta "Se è sporca falla lavare dalla mamma. È il suo lavoro". Ed è partito un torrone mai più finito. Le donne del Pd hanno tirato fuori i canini come i macachi. Volevano andare dal titolare a cantargli *Bella ciao* suonandolo come una fisarmonica di Stradella. Be', certo.

Ma che scritta è? Scrivi "Chi fa la spia non è figlio di Maria", "Lavabile in tutti i laghi in tutti i luoghi"... ma non "Falla lavare dalla mamma", che tra l'altro deve anche andare a prendere il latte. Non è che il nostro lavoro è quello di lavare le felpe. Per fare la lavatrice c'è poi da girare una manopola, ed eventualmente schiacciare un pulsante, non è che ci voglia tutta sta scienza. Non è che devi chiamare Stephen Hawking!

L'azienda si è difesa con la risposta modello Calderoli quando ha dato dell'orango alla Kyenge: era solo una battuta. Eh ma una battuta deve far ridere. Allora piuttosto scrivi: "Se è sporca non farla lavare al papà se no te la ritrovi fucsia come il reggiseno della mamma". Ma com'è che anche negli spot è sempre la donna che fa andare la lavatrice? Avete notato? Gli uomini mai. Non hanno le mani gli uomini? Sono così balenghi che non sanno neanche schiacciare un pulsante?

Tu prova a spiegare a un uomo, magari uno che di lavoro fa il programmatore di computer, o l'amministratore delegato, come si mette un programma e come si sceglie la temperatura di un lavaggio: lo vedrai dissolversi. *Blowin' in the Wind*. Soffiato nel vento. Farà "sì sì" con la testa, per dire che ha capito, ma credimi, dentro, nel suo intimo interno, nel suo ripieno di Giovanni Rana, ci sarà il nulla che c'era prima del Big Bang.

Se una potesse spremere un uomo, appena dopo avergli spiegato come si carica la lavatrice, uscirebbe sugo di cretino. Negli spot, se proprio proprio c'è un uomo che traffica intorno a una lavatrice, c'è comunque sempre la mamma al telefono che lo guida come un navigatore satellitare. E mai, mai, in nessuno spot al mondo mai, ho visto dei ragazzini far andare una lavatrice, svuotare una lavastoviglie, apparecchiare la tavola, rifare un letto... non esiste: o giocano, o guardano la tele, o stanno sul sedile dietro della macchina.

Ma come li vogliamo far crescere sti figli? Come dei pascià con la mamma che li riverisce? Tutti figli di Agnelli? Tutti nati dal buco d'oro della regina di Persia? Siamo tecnologici, ipermoderni, ci piace il progetto Erasmus, a sedici anni li mandiamo nel Balabei a imparare il sanscrito, sbandieriamo autonomia, indipendenza, ci inventiamo vacanze ecologiche a dare lo smalto ai cinghiali e poi? Quando c'è da far partire la lavatrice torniamo paleolitici? Ma altro che "Falla lavare dalla mamma". Ma perché non scrivete sull'etichetta: "Fatti tu la lavatrice, Beatrice, è la mamma che te lo dice"?!

Il pipino del Pupo

Ho capito che per essere un vero Vip devi svelare qualche particolare della tua vita molto privata, come Bettarini che ha fatto la sfilza delle amanti. Dovessi fare l'elenco io durerebbe un secondo. Anzi un decimo di secondo. Altro che Pupo. Sapete che Pupo tempo fa in un'intervista alla "Zanzara" si è distinto per la profusione dei dettagli sulla sua vita privata? Intanto ha ribadito una cosa che già sapevamo e cioè che da sempre ha una moglie e un'amante, consapevoli l'una dell'altra... in pratica è un sultano. Con due Sherazade. Non so se per spartirselo se lo tagliano a metà, spero di no perché è già cortino.

Insomma, stavolta ha detto che ha avuto un periodo molto lungo in cui era affetto da sesso compulsivo, che non resisteva, ogni fessura, ogni incavo, ogni crepa erano buoni. Probabilmente in casa non entrava con la chiave, apriva la serratura col walter.

Poi ha detto che sessualmente è molto libero, è stato con donne, uomini, trans e non solo. Come "non solo"?! Cosa significa non solo? Con cosa è stato, ancora? Con i marziani? Con i manichini della Rinascente? Si bacia coi Pokémon?

Di'? Hai capito il super macho mini minor? Poi ha detto di non aver mai usato il Viagra, ma purtroppo sulla sua prostata non ha voluto fare dichiarazioni. Ora, io voglio fare solo una domanda: ma perché ce lo racconta? Ma chi glielo ha chiesto? Non è che gli italiani la sera tornano a casa e si domandano: "Chissà cosa farà Pupo a letto... con chi starà". Ma neanche la mattina a colazione, mentre inzuppano le Gocciole: "Senti cara, mi chiedevo, proprio stanotte... ma secondo te, Pupo, che posizione del Kamasutra preferisce?".

Ecco cosa voleva dire quando cantava *Su di noi*... sembrava un pezzo tanto romantico, invece mi sa che era il racconto di un'ammucchiata! Comunque, in questa intervista Pupo ha voluto rispondere a un'altra domanda che non ci faceva dormire la notte: quali sono le sue dimensioni? Di quanti meravigliosi centimetri di felicità priva le poche donne con cui non fa sesso? Amiche, ora lo sappiamo. Pupo dice che non si è mai misurato... ma che si trova sproporzionato. Nota bene. Non: proporzionato. Sproporzionato. Il che sembra voler dire enorme, dato che lui è piccolo, ma potrebbe anche essere invece il contrario. Sproporzionato nel senso che è piccolo anche per lui, quindi piccolissimo. Una trofia. Il pipino del Pupo. No, invece in realtà è ovvio che intendeva che lui ha un fagiolone. Un rododendro. La chaise longue di Le Corbusier. Te lo dico in sintesi: si fa dei selfie senza il bastone per i selfie.

Bene, Pupo, ti crediamo sulla parola. No, lo dico perché sono abbastanza sicura che alla prossima intervista, non avendo ormai più niente da raccontare, magari penserà bene di farcelo vedere. O, se è in radio, di batterlo sul microfono. Tipo quando batti con l'unghia per fare la prova microfono... *Tumf tumf tumf...*

No grazie, Pupo, tienilo pure in bottega, come visto, davvero... va bene così.

Berté e Battià

Parliamo di Battiato, il nostro grande guru che ha rilasciato un'intervista al "Fatto quotidiano" dove ci racconta del suo privato. Scoop degli scoop. Guarda che di Battiato non si è mai saputo niente, Francone è un mistero come i pesci degli abissi. Invece ci svela che l'unica convivenza è stata per lui un'esperienza traumatica. Conviveva da pochissimo e una mattina si è svegliato, ha aperto il frigo e si è accorto che lei, la sua amante, gli aveva mangiato tutti e tre gli yogurt che lui aveva messo dentro la sera prima. Mentre lui scriveva *La cura* lei si era fatta un'altra bella cura ma a base di yogurt.

A quel punto lui ha capito subito che non ci sarebbe mai stato un futuro tra loro e le ha detto: "Cucuruccucu Paloma (forse lei si chiamava proprio così: Paloma), ho un sentimento nuevo che mi tiene alta la vita..." e l'ha accompagnata alla porta. Fine della storia. Certo, non doveva essere proprio un grande amore se si è fermato davanti a tre yogurt... Sospetto: ma la donna era mica la Marcuzzi? Guarda che Alessia la conosco, si sfonda di bifidus, è capace di mandare giù sei yogurt interi senza neanche toglierli dalla confezione.

Certo che se io avessi dovuto lasciare il mio boy per tutte le volte che ha svuotato il frigo sarei single da almeno quindici anni. Fra l'altro io pensavo che Battiato si nutrisse solo di semi di soia, bacche di goji, karkadè e alghe essiccate nell'altopiano degli ittiti somali. Non di yogurt. Ma fatemi aprire una parentesi: a me dello yogurt piace leccare il coperchio appena lo tolgo. Solo che il più delle volte mi sego la lingua in due.

Appello. Amici costruttori di yogurt, potreste fare i bordi meno affilati? Non dico di farli che non tagliano, ma almeno non come le katane da samurai. Comunque, per tornare a Battiato, nell'intervista ha anche raccontato di una volta che è salito in aereo e chi si è trovato seduta di fianco? Loredana Berté.

Proviamo a fare mente locale: in pratica è come se sull'aereo si fossero incontrati Marchionne e un tornitore. Berté e Battià si sposano come polenta e zucchero. Uno canta con la testa e l'altra con la pancia. Infatti il dialogo è stato il seguente. Lory gli fa: "'A Battià? 'ndo vai?". E lui risponde: "'Ndo vai te". Stop. Dialogo finito. Segnatevele, perché sono citazioni che fra qualche anno troveremo su Wikipedia al posto di quelle di Churchill. Ma passa un secondo di troppo e a Francone cade l'occhio sul décolleté di Loredana. Sai, in volo, un vuoto d'aria, è un attimo che perdi il centro di gravità permanente...

Poi lo capisco. A forza di pensare al cinghiale bianco, dopo un po' se ti arriva sotto al naso una leoparda nera ci caschi. Lei se ne accorge e cosa fa? Quello che fanno tutte le donne. Tira su la maglia e gli fa vedere le tette. A Battiato. Tu pensa la scena... E a quel punto c'è un momento di tensione palpabile. O almeno Franco sperava che fosse palpabile... E lui cosa dice? "Loredana... ti dico la verità: sono bellissime!"... E lì gli viene l'idea di scrivere: "Dervisci rotanti... Gesuiti euclidei vestiti come dei bonzi per entrare a corte degli imperatori, il senso del possesso che fu prealessandrino"... Perché era in stato confusionale, capisci?!

E comunque, Lori, posso dirti? Ti è andata bene che vicino a te c'era Battiato, perché se ci fosse stato, per dire, uno come Berlu, non scendevi mica intera da quell'aereo... ti pressurizzava lui che andava bene, guarda. Le tette te le faceva lucide come i pomelli delle porte. Adesso c'avevi a casa minimo minimo una coppia di gemelli...

"Ambiancé"

Attenzione. Parliamo di un film fichissimo che non vedo l'ora di perdermi. Tanto, se Dio vuole, non sarà pronto prima del 2020. Si intitola "Ambiancé", che credo significhi "Atmosfera", e il regista è uno svedese, tale Anders Weberg. Volete sapere quanto dura? 720 ore.

È il film più lungo di tutti i tempi. 720 ore significa un mese! Posso dire minchia? Perché non trovo altra esclamazione che sia consona. Ma quanti pop corn ti devi portare al cinema? Weberg, scusa se mi permetto, io non sono una critica cinematografica ma una cosa te la posso dire: hai una capacità di sintesi pari a zero, caro mio, come Vendola.

In pratica sarebbe come vedere mille episodi di "Beautiful" tutti insieme... Il regista dice che non è necessario guardarlo proprio tutto tutto. Grazie Weberg, eh! Grazie. Menomale che ce lo dici tu, se no noi non ci saremmo mai arrivati. Ma io, invece, ci tengo, me lo voglio vedere tutto. Anzi, già che ci sono mi organizzo: prendo un mese di ferie e poi mi metto due stuzzicadenti che tengono aperte le palpebre per non perdere neanche un frame.

E dunque di cosa parla questo capolavoro? Di niente. Ho visto il trailer, che tra l'altro dura solo 7 ore e 20 minuti. Ma io ne ho visti quattro di minuti. Perché poi mi sono frantumata le palle che non ho. Ho subito uno scioglimento psicologico importante. Vi spiego il fenomeno. Prima del trailer, come tutte le altre donne, le balle non le avevo. Dopo un minuto ho sentito che si formavano. Al secondo minuto ne avevo già due belle pronte e ne stava spuntando una terza. Al terzo minuto hanno cominciato a spappolarsi tutte e tre come le patate quando le cuoci troppo. E poi in un'estasi finale si sono fuse e sono evaporate in cielo in un cono di luce.

Comunque. Si svolge tutto su una spiaggia della Svezia, quella in cui Ingmar Bergman ha girato "Il settimo sigillo". E quindi? Ci sono solo due personaggi. Uno è vestito con un tunicone nero, l'altro con un tunicone bianco, e camminano lentamente in riva al mare raccogliendo conchiglie e spostando pietre. Non credo che raccolgano conchiglie e spostino pietre per un mese: qualcos'altro faranno, ma penso che io non saprò mai cosa. Spiaggia vuota con venticello, una specie di liana che passa e ripassa davanti all'obiettivo tipo tergicristallo e gente in camicia da notte che sposta pietre. Fine.

D'altronde cosa vuoi che succeda? Capisco a Rimini, dove capita di tutto, gente che gonfia canotti, che ciupa in cabina, che pesta le meduse, e il culturista con la banana nascosta nel costume, e quella con le tette rifatte così in alto che sembra abbia il gozzo... ma su una spiaggia svedese non succede una mazza, al massimo atterra un gabbiano ogni tre ore...

Neanche il venditore di granite può esserci, perché se si ferma più di cinque minuti diventa lui una granita. Potevano almeno metterci un commesso dell'Ikea che montava e smontava una libreria Billy... cinque o sei ore le sfangava. Si vede che in Svezia non succede mai un tubo: saranno ste notti lunghe, lo Stato che funziona, la malinconia... Oltretutto Weberg non ci pensa, ma di film come il suo, qualsiasi telecamera montata fuori da una banca ne fa. E senza sfinirci tanto l'anima.

Tetta on demand

Notizia delle notizie. Notizia che cambierà il corso della storia. Che ci farà gridare forte: "Ma vieni!", come quando Chiellini segna un gol.

E a chi dobbiamo dire grazie? A un chirurgo plastico di New York, il dottor Norman Rowe. E che ha fatto questa grandissima testa d'uovo alla coque? Ha scoperto il modo di gonfiare le tette a comando. On demand.

Spiego. Fino adesso la tetta rifatta era una scelta definitiva, un po' come quando fai castrare il cane, poi non si poteva tornare indietro. Cioè se ti facevi fare una quinta ci dovevi pensare bene, perché magari la sera, nel ciupa dance, eri la regina del tremolon, la guapa de la noche, ma al mattino quando inseguivi l'autobus e avevi il reggiseno molle te le davi in faccia correndo. Anche a un battesimo, a una novena, una sesta di seno stona. Impegna. Invece ora grazie al dottor Norman avremo la tetta a geometria variabile. In pratica, il dottore ha inventato una soluzione salina che ti aumenta il volume del seno per un giorno, dopodiché torna quello di prima. Come la carrozza di Cenerentola, che a mezzanotte ridiventa zucca. Qui abbiamo le zucche che dopo mezzanotte ridiventano mele carpendu. Una specie di Viagra per tette.

Tecnicamente fanno così: ti iniettano nel seno una soluzione salina. Tra l'altro è strano che il sale faccia gonfiare, di solito asciuga. Pensavo che mettere le tette sotto sale le facesse diventare come due bottarghe, secche e lunghe, invece no: acqua e sale gonfiano. E tuo marito non ti chiederà più: "Il sale l'hai messo?", perché si vede.

Sarà anche facilissimo sgamarla, la donna sapida. Se una ha due lampioni a palla di fine Ottocento, di sale ne ha messo eccome. Può servire anche nelle pubbliche relazioni. La Camusso deve tenere un comizio? *Fiut!* si fa siringare e sale sul palco con la sesta, così capta subito l'attenzione. Poi è vero che, se la Cgil dice che era una sesta, per la questura era solo una terza, ma intanto ha fatto la sua porca figura.

Io sconsiglierei le tette salate per la prima uscita con un potenziale fidanzato perché poi o ti insalini a vita oppure devi confessare. A meno di giocare a carte scoperte: "Ciccio? Vuoi due bestie da trofeo? Dimmelo ventiquattr'ore prima che devo iniettarmi", "Vuoi una decima così ci salti sopra come quei palloni da spiaggia?". Doppia dose di siringa.

Comunque pare che questa soluzione a mano a mano venga assorbita dal corpo. L'unico timore è che mentre la soluzione cala si sgonfino le tette ma ti monti un culone che a confronto quello della Merkel sembra un Bacio Perugina. Spero almeno che ci sia un timer che ti avverte. Perché poi è un casino. Tu sei lì alla festa, ti si sgonfiano di colpo e ti ritrovi un décolleté triste con dentro due pere cotte. Piatta come il lago di Tiberiade.

Costo dell'operazione di salatura delle tette: 2500 euro. Salate le tette ma salata anche la parcella. E mettere il cotone nel reggiseno no? Con due euro ne hai per sei mesi. L'unico vantaggio delle tette salate è che se a casa finisce il sale le puoi mettere nell'acqua della pentola e sali con quelle. Ma attenzione: l'operazione va fatta a freddo, mi raccomando, altrimenti strilli come un'aragosta.

Il ping pong di Madonna

Allora. Sto per affrontare un terreno in enorme salita. Lo dico subito, alla fine avrò bisogno di un massaggio ayurvedico e di qualcuno che mi asciughi le ascelle con il phon. Se arrivo al fondo di questa pagina giuro che non mi metterò mai più in una situazione così. Bene. In America tutte le star del cinema e della musica hanno fatto le loro belle dichiarazioni di voto. E anche la nostra mitica Ciccone, madama la Madonna, non si è tirata indietro. Anzi, si è tirata molto in avanti. E ha detto la seguente cosa. Che a tutti quelli che voteranno la Clinton... lei in cambio farà un... "un", articolo indeterminativo maschile singolare, una cosa che... farebbe lei artigianalmente tra l'altro, con la bocca ma non è cantare. Si tratta di una pratica erotica... che appartiene alla tradizione orale. In italiano comincia per "p" e finisce con "o" ma non è pomodoro. Ci siamo? Somiglia anche tanto a quello sport da tavolo, solo che invece che ping pong... è il contrario. Pong...

E ha anche aggiunto che è molto brava. Hai capito Madonna? Quando è venuta da noi a "Che tempo che fa" ha fatto tanto la principessa che deve passare fra le oche, c'erano ottanta assistenti di cui due solo per levarle gli sbaffi di rossetto dai canini, se la tirava così tanto che le rimbalzava, Fazio l'ha trattato come uno scarafaggio, e la poltrona era troppo bassa, e la luce era troppo loffia, e i fiori troppo gialli, ha voluto la moquette nera ovunque, avevamo i soffioni di eucalipto dappertutto che sembrava di stare in un bosco di conifere, a me hanno chiuso in camerino alla 41 bis, non potevo manco andare a prendermi un toast al bar che c'era un cecchino pronto a spararmi... Prima di lei passava uno con il turibolo carico di Chanel, e poi se ne esce con... il ping pong al contrario aggratis? Altro che la new age, la meditazione, la ricerca di se stessi... è ritornata la Ciccone dei primordi. La Ciccona da battaglia. Ma poi tra l'altro, abbi pazienza, Mado'... ma in casa Clinton vai a tirar fuori una proposta così? Ti pare? Con Hillary, dopo quel che si è sorbita col marito Bill? Con la Monica Lewinsky che passava il tempo a controllare se i bulloni sotto la scrivania tenevano e a vedere se da quella prospettiva lo studio era sempre ovale o dava più l'idea di un cilindro? Bill Clinton è stato l'unico presidente americano che ha avuto più lavoro da sbrigare sotto la scrivania che sopra... e tu vai a promettere la stessa cosa? È come fondare un gruppo di sostenitori di Enrico Letta e chiamarlo "Stai sereno".

Figurati Bill! Ha subito giurato e spergiurato che voterà la moglie al mille per mille. Solo una domanda, Mado', ma alle donne americane che votano la Clinton, che fai? No, perché non è che puoi... ciupi a tutte il marito quando loro hanno mal di testa?

Addio, CiccioBilly

Due miti ci hanno lasciato. Uno è Silvestro Bellini e l'altro Gillis Lundgren. Il primo, italiano, è il papà di Cicciobello e l'altro, svedese, l'inventore della libreria Billy.

Partiamo da Silvestrone. A lui spetta di aver disegnato il primo faccino di Cicciobello, facciottino vero di neonato vero, prediletto dalle bambine. Cicciobello ora ha cinquantaquattro anni e negli anni gli hanno fatto fare di tutto, ridere, piangere, fare la pappa, la cacca e i rutti. Io lo so per sentito dire perché Cicciobello non l'ho mai avuto. Non ero tra le privilegiate.

A me quando ero piccola è sempre toccato il tarocco. Invece della Barbie avevo Tania, invece di Cicciobello avevo Poldina. Poldina non faceva niente. Non piangeva, non aveva la bua, non faceva pipì. D'altronde era fatta di stoffa, e di plastica aveva soltanto testa e piedi. Avevo anche la bambola Petula che invece parlava grazie a un enorme bottone sulla pancia. Praticamente ventriloqua. Ma dopo poco è rimasta senza voce anche lei. Comunque grazie, Silvestro, a nome di tutte le bambine di allora, che sono diventate donne di adesso.

Invece il signor Lundgren è l'inventore della libreria Billy. L'Einstein dell'Ikea. Che uno dice... capirai. La libreria Billy, diciamolo con tanta simpatia, alla fine sono poi quattro assi in croce. Però la sua genialità è un'altra. Lui è stato il primo a immaginare un mobile che si potesse vendere smontato, e quindi facile da trasportare.

Secondo me è andata così. Il signor Lundgren lavorava per il signor Ikea. Era l'anno 1956 e l'Ikea era una baita con quattro dipendenti o poco più. Un giorno doveva portare a un cliente un tavolo e non riusciva a caricarlo in macchina. Tira e molla, molla e tira... magari la neve... il vento... Babbo Natale che passava avanti e indietro con le renne, *Jingle Bells*, *Jingle Bells*... parolacce in svedese che chissà come sono, visto che anche solo i nomi delle sedie sembrano maledizioni, Sgrundun, Vaffalanda, Smerda... alla fine gli è venuta l'idea e si è detto: ma perché non vendiamo i mobili smontati, che possiamo caricarli in macchina?!

E allora cosa fa? Va dal suo capo e glielo dice. E l'altro lo manda a stendere. Gli grida: "Bella cazzata... È come inventare un telefono che scatta anche le foto!". Ma Gillis insiste: "Ascolti, capo... facciamo una libreria con quattro assi delle balle, dei buchi e dei piolini, e la gente la libreria se la monta a casa, e sono fatti loro poi se si martellano le dita... Studiamo dei legni speciali, che siano duri come acciaio dove si avvitano le viti e che si pieghino come burro dove reggono il peso ed è fatta. Poi che ce ne fotte se i ripiani si spanano... Anzi, guardi. Esageriamo. Nelle confezioni non mettiamoli tutti i pioli, mettiamone uno in meno, e aggiungiamoci anche tre viti sbagliate, così sclerano ancora di più! Alé! Anche perché noi non gli daremo delle istruzioni, ma solo dei disegnini da cui non si capisce una mazza".

A quel punto il capo accetta. Restava da trovare il nome, e forse il signor Ikea ha detto: "Visto che è una libreria delle balle chiamiamola *Balle*. Tanto in svedese non vuol dire niente". E l'altro ribatte: "Ma no, perché poi in Italia non ce la compra nessuno... Chiamiamola *Billy*". "E perché?" "Come Billy Elliot..." Perché sapeva già che, una volta montata, la libreria avrebbe ballato. E così è nata Billy, la libreria delle balle, 41 milioni di pezzi venduti nel mondo in trent'anni. Che la tua anima salga al cielo, Gillis. Vai e insegna agli angeli a usare la brugola.

Montepulciang

Evviva. Il prode Renzone è riuscito nell'impresa. Ha siglato l'alleanza con il patron di Alibaba. Si erano già annusati un po' a Vinitaly e ora l'accordo è fatto. Libiam nei lieti calici. Partiamo dall'inizio. A Verona a Vinitaly, la grande fiera dei vini, c'era anche Renzi. Va be', questa non è una novità: tu di' un posto qualsiasi e Renzi c'è. Secondo me, se vai a guardare bene, è anche nei nostri sgabuzzini adesso.

"Matte" a Vinitaly ha incontrato Jack Ma... che non è un Manga, manga per niente, ma è il guru cinese dell'eCommerce, e di cognome fa Ma. E il signor Ma è l'inventore della piattaforma Alibaba, che muove merci per miliardi di dollari.

Ma, senza se e senza ma, ha detto che va pazzo per il vino italiano, che vorrebbe venderne molto di più, e che ci dobbiamo dare una mossa perché i francesi gli vendono il 60 per cento del vino e noi solo il 6 per cento. Capirai Renzi, con tutti sti elogi si è pisciato addosso. E poi ha detto che era Chardonnay. Si è gasato così tanto che ha addirittura proposto l'apertura di una sezione del Pd intestata a Bruce Lee e stava quasi per cominciare a parlare in cinese. Tanto per lui non è un problema: non parla il cinese, ma non parla neanche l'inglese e il francese, quindi...

Jack Ma dice che in Cina c'è una nuova classe borghese fatta di trecento milioni di persone che non vedono l'ora di tracannarsi il nostro vino. Capite? Trecento milioni! Se ogni cinese si ingolla un mezzo litro a cena, abbiamo venduto la bellezza di centocinquanta milioni di bottiglie in un giorno! Allora, analizziamo la situazione dal punto di vista del marketing (mi intendo anche di quello, ho fatto uno stage con Mastrota): al di là delle analisi sociologiche sulla nuova borghesia cinese, i cinesi sono un miliardo e mezzo... ok? Mettiamo che un venti per cento abbia problemi di cuore, sia in crisi sentimentale, vuol dire che ci sono comunque trecento milioni di cinesi che hanno il desiderio di bere un goccetto per dimenticare... vogliamo regalare quest'enorme massa di cornuti ai francesi? No! Sai quanti cinesi tutte le sante sere si fanno il vin brulé col Mescal messicano perché non sanno che esiste il barolo? E quindi dobbiamo darci una mossa. Dobbiamo esportare sto vino e fare pure in fretta perché sai come sono fatti i cinesi, è un attimo che ti copiano tutto. Basta che bevano il nostro vino, gli piaccia e ciao. Poi fanno come con le borse e con le scarpe. Tempo cinque anni vedremo sbucare bottiglie di Balolo... Balbalesco... Blunello di Montalcino... anche la Bonalda. A due euro se va bene.

Ma poi, abbi pazienza, siamo *noi* che dobbiamo rifornire di vino i cinesi! Siamo solo noi che per brindare diciamo cin-cin! Cerchiamo di guardare lontano. Andiamo in Cina ad aprire milioni di negozi con la scritta "Tutto il vino a un euro" e gli leviamo la pelle. Ci riprendiamo tutti i soldi che gli abbiamo dato in cazzate! Volendo possiamo cambiare anche i nomi ai vini per farli contenti... Invece del Montepulciano gli vendiamo il Montepulciang! Il moscatung! Il tocai va già bene così. Facciamo delle offerte speciali. Con centomila bottiglie gli diamo in omaggio un cuoco. Poi gli lasciamo Adinolfi e diciamo ai cinesi che è Cannavacciuolo.

Figli delle stelle

Notizia di gossip. Pare che Samantha Cristoforetti sia incinta. Samy è pazzesca sempre. È uscita dalla navicella che non stava in piedi e adesso è già incinta. Ma non è umana! Pensa te. Adesso tocca vedere di che colore è il bambino. Se nasce verde è stato un alieno. Se nasce con l'indice lunghissimo è figlio di ET. Be', è stata in orbita duecento giorni... Guarda che duecento giorni sono tanti! Adesso abbiamo capito cosa fanno gli astronauti nello spazio: assenza di gravità non è assenza di gravidanza!

D'altronde io un po' la capisco: vedi un corpo celeste oggi, vedi un corpo celeste domani... certo che quando vedi un altro corpo che non è celeste, be', scegli quello. Poi immagino che a bordo di una navicella spaziale non ci sia molto da fare: una volta che hai finito di fare le foto per la Nasa, raccolto la sabbia su Marte, fatto il collegamento con Fazio coi capelli dritti, ti resta un sacco di tempo a disposizione. Non è che puoi uscire e andare al bowling, o sbafarti una napoli in pizzeria. Sei lì che fluttui per la navicella, ti passa vicino un bel pezzo di quark ed è un attimo che si verifica un incontro ravvicinato del terzo tipo.

Adesso, però, sorge il vero problema: che nome darà Samantha al suo piccolo? Io, cara Samantona, ti consiglio "Stella" se è una femmina e "Saturnino" se è un maschio. L'unica cosa è che devi far presto perché la Hunziker in un attimo te li frega. Sai che lei ha sta fissa dei nomi legati al cielo: Aurora, Sole, Celeste... Visto che si riproduce con una certa frequenza, bisogna che tu ti dia una mossa perché di nomi liberi altrimenti ti restano solo Tornado, Eclisse, Big Bang...

Apriamo una parentesi: c'è stato un nuovo parto a casa Hunziker. Stavolta ha partorito il cane. Lilly. Guarda che in quella casa non si danno pace! Il Fertility Day la Lorenzin doveva farlo a casa Trussardi. Secondo me prima o poi partorirà anche il marito Tomaso. A casa loro se butti un chicco di grano sul tappeto è subito Tavoliere delle Puglie, crescono otto ettari di grano. Tempo due giorni e spunta anche Banderas che impasta i flauti. In quella casa lì è tutto fecondo. Persino i fermenti lattici dello yogurt. Quelli già di loro si moltiplicano da soli, ma a casa Hunziker si triplicano, si mettono in fila e ballano il reggaeton.

Michelle non può mica fare la frittata... se compra le uova e le mette nel frigo, il giorno dopo sono tutti pulcini. Persino la postina non vuole più passare per far firmare le raccomandate perché ha paura di restare incinta. Speriamo solo che non si incontrino mai lei e il ministro Delrio che ha già nove figli, perché solo a stringersi la mano son già due gemelli.

Cessobus

Ho trovato una buona notizia. Non mi sembra vero.

È in arrivo a Milano un nuovo servizio che ribalterà la storia dei trasporti milanesi. È costato 75.000 euro, si chiama Toilet bus ed è praticamente un autobus, tipo quelli di linea, che al posto dei sedili ha dei water. In pratica un cesso mobile su ruote che si sposta e ti raggiunge nei momenti di estremo bisogno... e notate come ogni parola rientra in un senso preciso. Secondo me non andrà neanche a benzina. Andrà a gas. Prodotto dai passeggeri, ovviamente.

Comunque bene. Finalmente si può dire che l'ATM è andata incontro ai bisogni dei cittadini. Intanto tocca precisare che i water sono quattro. E sono chiusi. Non è che ci sono tazze a vista disposte come i sedili. Con due water da una parte, due dall'altra, e il corridoio in mezzo... che se quello vicino al finestrino deve scendere chiede: "Permesso?" l'altro gli risponde: "Occupato!". No no. Sono bagni chiusi. Però non sarebbe male. Tu pensa che ridere se avesse i finestrini normali. Che tu sei fermo al semaforo e vedi di fianco una fila di persone che spingono col viso rosso e sotto sforzo... Invece sono quattro bagnetti chiusi. E ce n'è anche uno per i disabili. Però non ho ben capito come funzioni. Lo aspetti alla fermata, sali, la fai e scendi? E se ti scappa tantissimo? È una tortura. Immagina se c'è traffico e la pensilina ti dice: "Il toilet bus arriverà tra 16 minuti", sei costretto comunque ad andare in un bar. Poi sali e l'autista ti chiede: "Salve, dove va?". "Ma guardi, pensavo di andare a ca..."

Tra l'altro se hai un bisogno importante da fare, di quelli lunghi, rischi di salire in piazza San Babila e scendere in un paese del comprensorio delle Alpi lecchesi. Ma poi già voi maschi non sapete centrare la tazza da fermi. Figurati quando il water viaggia! E magari percorre la rotonda di piazzale Loreto! Vi orinate in posti mai esplorati. Riuscite a far pipì a irrigatoio... E quando il bus deve frenare di colpo? Cambieranno il cartello, ho pensato. Invece che "Non parlate col manovratore" ci sarà la scritta "Non pisciate sull'autista". Altra curiosità: quando sale il controllore cosa controlla, se hai tirato l'acqua?

In realtà poi ho letto bene. È un pullmanone che non gira la città ma si muove e si sposta per raggiungere luoghi di eventi importanti. E dove lo trovi? In fondo a destra, ça va sans dire. C'è la settimana della moda? Cessobus. La fiera di Milano? Cessobus. Il concerto di Justin Bieber? Cessobus. Tra l'altro è un chiangone pazzesco che occupa un sacco di posto. Pensa quelli che se lo ritrovano sotto il balcone. Se può contenere fino a 2700 litri di liquami non deve esattamente profumare di violaciocca.

Ultima domanda: e dove lo smaltiscono tutto questo po' po' di roba? Altra espressione, popò, quanto mai indicata. Ultimissima domanda: chi è che farà l'abbonamento a un autobus così? La Marcuzzi, ok, e chi altro?

Il mitico Luciano Onder

Ma parliamo di scienza e soprattutto di Luciano Onder, il giornalista scientifico del "TG5 Salute". Qualche tempo fa su "Libero" è comparso il seguente titolo: *Clamoroso al TG5, Luciano Onder mostra il pene in diretta TV*. Sai che ho avuto un attimo di smarrimento? Ho pensato che anche lui fosse entrato nella casa del "Grande Fratello Vip", dove lo sbigolamento è sdoganato. Poi per fortuna ho scoperto che ha fatto sì vedere un walter ma grazie al cielo non il suo.

Spiego. Il mitico Onder ha mandato in onda un servizio su un nuovissimo intervento alla prostata corredato dalle immagini dell'operazione. E si è visto il walter nel monitor dell'ecografo... Capirai. Ci sta. Quanti servizi sulla prostata avrà già fatto sto disgraziato? Milioni. E fanne uno oggi, e fanne uno domani, fanne un altro ancora, magari gli è sfuggito di mano il... Su ottantamila servizi sulla prostata in quarant'anni di carriera vuoi che in uno non sbuchi un pezzo di pistolino anche solo per la legge dei grandi numeri?

Io poi non capisco cosa ci sia di così strano. Stava parlando di prostata, non è che poteva far vedere un menisco. Se l'avessero operato al menisco avrebbero inquadrato il ginocchio, se gli avessero raddrizzato il setto nasale si sarebbe visto il naso, se fosse stato un varicocele... ah, no, lì c'era di mezzo di nuovo il pirillo. Niente. Dicevo: stavano operando alla prostata, e quindi si sono visti gli organi che ci sono in quella zona, cioè in provincia di prostata, e in provincia di prostata, si sa, il walter fa da capoluogo. E invece si sono tutti scandalizzati. Pensa te. In televisione ci fanno vedere di tutto, spari, gente trucidata, mafia, droga, squartamenti, bastonature, usura, pizzo e calci in culo. Poi compare un pisello ed è una tragedia.

Ma lo scandalo c'è stato soprattutto perché il walter non era pixellato, era un pisèl senza pixèl, come dicono a Venezia. La cosa che fa molto ridere è che l'intervista, questo medico, l'ha fatta operando. Tranquillo come se stesse preparando lo spezzatino... *Tin tun tan* lo muoveva come se fosse un pezzo di salsiccia di Bra. E anche il paziente, bello strano. No, perché se avessero chiesto a me: "Scusi, le dispiace se, mentre le faccio il tagliando alla prostata (lo so che non ho la prostata, ma alle volte è come se l'avessi. Me la sento, guarda. Ho la prostata isterica), rilascio un'intervista?", io avrei risposto: "Ma guardi, ci facciamo un selfie con calma dopo". Invece lui ha accettato. Sai, oggi si fa di tutto per andare in TV. Magari la sera gli avranno telefonato le ex fidanzate: "Ehi, ti ho visto in televisione! Eh, lo riconoscerei tra mille... Complimenti. Hai la prostata molto fotogenica".

Poi in molti si sono incavolati anche perché il "TG5 Salute" va in onda all'ora di pranzo e far vedere un pene in TV all'ora di pranzo non sta bene. Perché? Il walter è come l'antibiotico, che va preso dopo i pasti? Lo puoi vedere solo all'ora dell'aperitivo? Quando sgranocchi due olive puoi vedere le due olive? Ma cosa vuol dire? Che se fan vedere un'operazione al coso all'ora di pranzo devono metterci intorno della cicoria e un po' di purè come fosse un cotechino? E se lo fai vedere in seconda serata devi metterci vicino un sigaro, un bicchiere di cognac o una tazza di camomilla?

Io sto dalla parte di Luciano Onder, non so se si è capito. Lucio? Tiriamoci su le brache. Nel senso lato, dico. E per un po', mi raccomando, evita. D'ora in avanti solo verruche e forfora, che quelli all'ora di pranzo sono perfetti. E comunque basta con i luoghi comuni: non è vero che in TV non danno mai un cazzo!

L'amore ai tempi del koala

Notizia baiadera. Parliamo della pubblicità di una nota marca di gomma da masticare. Quella dello scoiattolo. Vi ricordate? Il bosco prendeva fuoco, quando a un tratto uno scoiattolo meraviglioso si metteva in bocca una gomma, poi alzava la coda e *prannnn!* spegneva l'incendio col suo fiato di culo ghiacciato. Scusatemi la *crudité*, congelava il bosco con una lunghissima aria sulla quarta corda di Bach. Poi nell'altro spot faceva arrivare all'amata un messaggio in bottiglia, lei stappava e *frrrttt!* partiva il ciclone, la turbina d'aereo che le idromassaggiava la faccia.

Ecco. Ora siamo a una nuova puntata, questa volta con protagonisti umani. Spiego. Inizia lo spot e si vede lui, il marito, pronto con un mazzo di fiori a fare una bella sorpresa alla moglie. Entra in casa e subito scoppia il dramma... Perché prima vede una scarpa sul pavimento, poi il reggiseno incastrato alla ringhiera, quindi sale le scale con la furia di un'erinni, apre la porta della camera e... chi ci trova? Un classico. La moglie con l'aria languida di una che ha appena fatto del gran ciupa e del gran dance che si copre le tette con il lenzuolo.

Allora. A parte che, non si capisce come mai, noi donne nelle pubblicità siamo sempre a letto. Questa, quella del Prostamol, quella del supermercato con lo psicopatico che si alza di notte a controllare le melanzane... Nella vita vera ci alziamo alle sei di mattina e ci facciamo un mazzo così fino alla sera, andiamo talmente veloci che facciamo le scintille da dietro, il letto lo vediamo di sfuggita, ci posiamo sopra appena un attimo come mosche sulla coda del cavallo. Niente, per la pubblicità siamo delle slandre che passano il tempo a bamblinare tra le lenzuola. Come quelle bambole di pezza che si mettevano sui letti una volta.

Comunque, tornando alle gomme da masticare. Il marito a quel punto realizza di essere molto cornuto ed ecco che esce dal bagno... chi? Ovviamente l'amante. E chi è? Brad Pitt? Luca Argentero? Un rappresentante della Folletto? No. Un koala. Quella simpatica bestia che mangia le foglie di eucalipto, che rischia l'estinzione in Australia e che in Italia, pensa te, ciupa le mogli degli altri. Lei guarda il marito come a dire: "Mi spiace amore ma non potevo resistere...". Finale con stacco sulla zampa del koala coi cicles in mano, che sono blu, come il Viagra, e poi il claim... *"Chewing is yeah!"*.

Ma da quando noi donne ci facciamo i koala? Ora. Io capisco che dopo vent'anni una si sfinisca le gioie di vedersi davanti sempre lo stesso impiastro di marito che l'annoia e la tedia barbaramente. Lo stesso cataplasma. Lo stesso mobile di arte povera. Ma lo deve tradire con un koala? Scusa, se devo tradire il ragionier Brambilla, di cui ormai odio tutto dai calzini alla chierica, mi prendo un bel pezzo di gnocco, non un marsupiale! Se no sto col Brambilla, che almeno ha l'alito che non sa di eucalipto...

No, voglio chiarire che noi donne non andiamo con i koala, neanche se hanno le dotazioni di John Holmes. I koala sono degli Scilipoti bassi, pelosi, dei Danny DeVito con le orecchie a pioggia e i nasi rigidi di cartone. L'uomo, nella vita e negli spot, tradisce la moglie con le colleghe procaci o le escort di passaggio, non va allo zoo a farsi l'amante. E allora perché noi sì? Quando i nostri uomini sognano una maiala, mica pensano a Peppa Pig! Non desiderano la scrofa più amata da Rovagnati.

E poi insomma, il marito dello spot è carino, gentile, arriva coi fiori... È vero che di solito quando un marito arriva coi fiori è perché ha qualcosa da farsi perdonare... E allora fammi vedere che ha appena passato due ore in un motel con una zebra. Con una foca. Magari monaca. Così siamo pari.

Ma congelatevi il walter!

La Apple e Facebook, due colossi dell'informatica, hanno fatto una bella pensata. Hanno proposto alle loro dipendenti di farsi congelare gli ovuli. E perché? Perché così possono avere un figlio ma non subito, per non bruciarsi la carriera. Possono fare i figli a comando. On demand, come la Pay TV. E paga tutto l'azienda. 10.000 dollari per il primo congelamento e poi 500 per ogni anno di freezer. Bah. Vorrai mica dirmi che la Apple e Facebook fanno tutto questo per la gloria? Se pagano vuol dire che qualche convenienza ce l'hanno. Quando il padrone è disposto a tirare fuori della grana, sotto c'è un cetriolo volante nascosto. E poi scusa. Ma se congelando gli ovuli fai carriera, tipo che da centralinista diventi presidente della Apple, a cinquant'anni non è che hai più tempo. Anzi. Sei all'apice della carriera, quindi col cavolo che trovi il tempo di fare un figlio... Forse puoi pensare a una gravidanza quando vai in pensione, peccato che poi invece di partorire un figlio partorisci un nipote.

Ma poi scusa. Il presidente della Apple, Capitan Findus, non ha pensato che anche se l'ovulo resta perfetto per vent'anni, la donna invecchia comunque? O congeliamo anche le dipendenti oppure c'è un gap temporale. Gli ovuli sono freschi ma l'utero no. Comincia a cigolare come le cerniere degli armadi. Dopo i quaranta diventa un po' la Cappella degli Scrovegni o il Mausoleo di Galla Placidia, come la borsetta che avevi usato per andare al matrimonio di tua cugina e che tieni per ricordo. Non un bel pallone elastico pronto a farci crescere dentro un bimbo...

Mi sta salendo la carogna, si sente? Mi sento le unghie dei piedi che hanno trapassato la suola delle scarpe e si stanno piantando nel parquet come quelle dei falchi pellegrini. Senza contare che non tutti i pater poi vanno in gloria. Cioè non è che tutti gli ovuli poi funzionano. Anzi. La percentuale di successo è bassina. Sotto i trentacinque anni arriva al 25 per cento. Sopra i trentacinque cala rapidamente e a quarantacinque raggiunge circa il 3 per cento. E poi, scusate se insisto, farsi levare le uova, cari capi di Facebook e Apple, non è come levarle da un pollaio. Non siamo galline che scodelliamo le uova nei cestini di paglia. A noi tocca andare a prelevarle come nei caveau delle banche. Ci vogliono tempo, cure e bombe di ormoni. E, ultima ma non ultima considerazione: cara Apple, carissima la mia mela morsicata, se non facciamo figli noi, poi a chi li vendi i telefonini, pirla?

Volete davvero che le vostre dipendenti siano serene? È facile: niente freezer. Lasciate che facciano i figli secondo natura, mandatele in maternità, e garantite loro di ritrovare la propria scrivania al ritorno. Inventatevi orari flessibili e possibilità di lavorare da casa, pagate gli asili nido, e soprattutto ricordatevi che le donne non sono uomini, sono donne. È quello il loro bello. Sono diverse. Sveglie, capaci, eclettiche, concrete... e mamme quando il destino e la natura decidono che è il momento. Ma perché ai maschi nessuno chiede di congelarsi il walter? O perlomeno di farci un bel nodo?

Silvoterapia

Parliamo di medicina. La notizia è la seguente. Gli scienziati hanno scoperto che abbracciare gli alberi fa bene. Se vai in un bosco o in un giardino e ti metti ad abbracciare un platano, questo gesto ti rimette in equilibrio, migliora l'umore e ti dà tanta energia positiva. Una specie di ricarica naturale e pacifica. Questa nuova disciplina si chiama silvoterapia e sta spopolando in tutto il mondo. Attenzione: silvoterapia, non Silvioterapia. Quella di Berlu è la Silvio-terapia, che ha fatto bene a tantissime donne... però non in tutto il mondo. Diciamo più nel perimetro di Milano 2. Nei dintorni di Arcore. Lì al posto di un tiglio abbracciavano il palo della lap dance.

Con la silvoterapia invece tu vai da un albero, lo abbracci ben bene e poi ti senti meglio. E ogni albero ha proprietà diverse, un po' come le erbe. Il rabarbaro fa bene al fegato, l'abete aiuta a guarire le fratture, il biancospino rinforza l'intestino. Domanda: quando hai problemi di stitichezza, per avere dei benefici, che albero abbracci? Il caco? Certo che noi umani siam cretini forte. Disboschiamo il pianeta ogni due per tre, facciamo degli scontrini lunghi come la muraglia cinese, la carta igienica a dodici veli, in estate ci sono incendi dolosi che brasano boschi secolari e poi andiamo nei parchi ad abbracciare gli alberi! Dei Giuda, capisci? Almeno li abbracciassimo per scusarci delle porcate che gli facciamo...

Comunque anche in questa disciplina tocca fare attenzione. Per esempio, se vai al parco col cane devi coordinare la tempistica perché rischi che mentre tu abbracci il pioppo magari il cane ti fa pipì sui piedi. Le piante son contente perché l'urina contiene azoto, tu meno. Però la domanda che mi pongo è un'altra. Mi piace molto questo pomiciare con la natura, ma alle piante farà piacere essere abbracciate? Magari no. Magari le irrita. Gli dà fastidio. Una quercia, mi chiedo... è contenta di essere abbracciata da Gasparri, per dire? A un pioppo fa piacere un petting con Al Bano? Chiediamocelo... Gli ulivi malati di Puglia non potrebbe averli abbracciati Raffaele Fitto che è della provincia di Lecce?

Sai, non è che possono tanto reagire. Magari una gaggìa si infastidisce a essere palpata. È una specie di stalking.

Altra domanda. E se vicino a casa tua non c'è un giardino, non c'è un parco, e l'unica cosa lunga e stretta è un palo del divieto di sosta, che fai? Cosa abbracci? Vale abbracciare il tavolo di noce della cucina? Il comodino di mogano della nonna? L'albero passato attraverso le segherie di Aiazzone? E ancora. Se in casa non ci sono alberi, va bene anche stringere forte forte forte il sacco del pellet?

Comunque, dài, abbracciare le piante ci sta. Stiamo solo attenti che si inizia così, con un abbraccio, poi un bacio, poi nasce un sentimento più profondo e poi ciao. E ci ritroviamo con un'altra grana in Parlamento a studiare una legge Cirinnà per le unioni civili tra ragionieri e cipressi.

Pening review

Notizia tapioca che chi ne parla è un'oca. Eminenti studiosi hanno scoperto che in questi ultimi cento anni il pene maschile si è accorciato di due centimetri. L'evoluzione della specie non ha evoluto l'attrezzo ma al contrario l'ha ridotto. C'è stata una specie di... *pening review*. I maschi sono mediamente più alti ma in basso più corti. Gli organi stanno diventando organetti.

Come mai? I motivi sono tanti: l'inquinamento, il diabete, la carne rossa e le malattie dovute alle sostanze chimiche che ci sono in quello che mangiamo. Ti spari un salame e si accorcia il salame! È una notizia tremenda.

Se levi due centimetri a un masai può non essere un problema, ma per un cinese è un problemone. C'è gente, non faccio nomi, che ha solo quello, capisci? Ma con tutti gli organi che potevano ridursi... proprio il walter?! L'evoluzione della specie è cretina forte. Il naso, per dire, andava benissimo che si facesse più piccolo: invecchiando, a voi maschi vengono delle canappie che potete metterci su tre paia di occhiali uno di fianco all'altro; anche le orecchie che vi diventano due conchiglie del Borneo, l'alluce del piede che si trasforma in una sciabola e vi sfonda i calzini... tutto ma non il walter.

Era meglio il contrario. Col passare degli anni si doveva allungare. Perché se ci pensi, da anziani si tende a cadere più facilmente. Vuoi mettere un sostegno davanti? Che nel caso di perdita di equilibrio ti aiuta come fosse un treppiede?

Invece così saremo fregate noi donne. Non solo a letto, dove avremo bisogno di un'unità di crisi e della lente di ingrandimento di Sherlock Holmes, ma anche nella vita normale. Sai che fatica faremo a trovare parcheggio? Perché i maschi, avendo il walter sempre più piccolo, si compreranno delle macchine sempre più grosse. Dei Suv giganteschi... E noi non posteggeremo mai più. Perché le dimensioni del walter, si sa, sono inversamente proporzionali a quelle dell'automobile. Tra un po' bisognerà fare il risvolto ai profilattici... procurarsi taglie di pantaloni sempre più piccole. Vi si riduce il walter, si riduce il didietro, dall'ombelico in giù non avete più niente. Terra di nessuno. Non cresce più nulla, solo qualche rara prostata selvatica.

Mi chiedo solo una cosa: come hanno fatto gli studiosi a saperlo? I pirilli di oggi li puoi misurare, d'accordo... ma con quelli di cento anni fa, per poter fare il paragone, come hanno fatto? Nello scheletro non lo vedi, perché il walter non ha osso. Forse si può risalire alle misure degli slip, ma uno può avere avuto la sesta di mutande perché aveva il culone, no? Non so... forse sono andati a controllare le statue della storia dell'arte e si sono detti: "Il David di Michelangelo come ce l'ha? Più o meno sostanzioso di David Beckham?".

Può anche darsi che nella storia certi numeri non siano stati messi a caso, ma proprio per dare indicazioni... "Luigi XVI", per esempio. Non potrebbe essere un segnale? Un caso più eclatante: "Carlo Martello", che ti dà l'idea se non della misura della possanza... E come interpretare, se non come il segnale di una certa carenza, uno che veniva nominato "Pipino il Breve"?

Papa Francesco veste H&M

Allora? Come sono andate le feste? Avete mangiato qualcosa a Capodanno o per stare in linea avete inghiottito solo una lenticchia con un bicchier d'acqua come fosse una pastiglia per la pressione? Vi siete sfondati di cibo e avete bevuto persino l'acqua dove si bolle il cotechino per sgrassarlo? Io se mi guardo allo specchio ho qualcosa della Famiglia Addams. Vi dico solo questo. Nel frattempo papa Frank, Frankienergy, durante le feste, ha continuato a lavorare e ha eletto un bel po' di nuovi cardinali. Mentre Bertone vagolava in bici per i corridoi del suo nuovo attico di 500 metri quadrati, papa Frank ha fatto il cambio della guardia.

Menomale, così facciamo di nuovo un po' girare l'economia. Perché ho saputo che i negozianti specializzati in abbigliamento da preti sono alla canna del gas. Sai quelli che hanno le botteghe a Roma a Borgo Pio con le vetrine piene di stole dorate, cappellini rossi e abiti talari? Gli "atelier pour l'église" li chiamano. Ecco. Per loro papa Frank è un flagello. Li ha portati in rovina. Eh certo, perché lui i vescovi e i cardinali foderati d'oro con le stole fatte di pelle di coccodrillo, le scarpe di peli di rondine e le mutande da messa di Calvin Klein li manda a stendere. Gli ermellini glieli fa ingoiare. Lui non ha voglia di vedersi intorno gente vestita come il Mago Otelma... Altro che papa Ratzy, che c'aveva il camauro di pelliccia, le scarpette rosse di Prada e si vestiva come l'Imperatore di Tutte le Cine. Una volta un cardinale per vestirsi spendeva più di Paris Hilton, adesso vuole spendere meno che da H&M...

Frankone ha detto chiaro e tondo che la sua parola d'ordine è *semplicità*. Il suo motto è "low cost". Come i voli Ryanair. Basta coi preti eleganti. Giusto. E quindi adesso, per non dispiacere al papa, i prelati si comprano abiti talari di leacril invece che di cotone hawaiano filato a mano da una vergine, mettono i cappotti in terital e le scarpe anti-infortunio dei ferramenta e, invece delle stole con i ricami fatti a macchina dalle suore di clausura di Bruxelles, si fanno rammendare le calze dai chierichetti e dalle perpetue. E i poveri sarti da prêt-à-porter si vogliono sparare. E ci credo, anche loro devono pur campare.

Uffa. Mai che ci sia una cosa che vada bene per tutti. La coperta è sempre corta. Amici di Borgo Pio? Mi è venuta un'idea... Parlo io con Lapo. Munsù Elkann. Lui ha il fiuto e capisce subito l'affare. Lanciamo la moda dell'abito talare per madame. L'antica ciamporgneria del Borgo Pio. Lapo non ci mette né uno né due. Roba da sera, di seta cruda, tutta in lungo. Sul petto una croce d'oro da sei chili, e per il "sotto", solo un paramento platinato molto "ti vedo non ti vedo". Ecco. No, perché se aspettate ancora un po', papa Bergoglione fa fare una nuova linea "Uccelli di Rovo" all'Oviesse con scarpe di cartone e abito talare in misto lana con mitra di pile lavabile anche in lavatrice a sessanta euro.

Liscia, gassata o... cagarelle?

Novità nel campo della scienza e della tecnologia. Non sono i soliti della Silicon Valley che hanno inventato la minchia fritta passata nel pane grattugiato o le balle di riserva se cadono a qualcuno. Parliamo di Bill Gates. Conoscete? *Gheit* non vuole dire "gatto" in inglese, è il cognome di Bill. Bene. Billy ha promosso uno studio che ha portato risultati sorprendenti. Ha messo insieme un team di scienziati, pagati da lui stesso medesimo, che ha inventato una macchina pazzesca che si chiama *Omniprocessor*.

E che fa sta macchina mirabolante? Produce elettricità e acqua da cosa? Dalla cacca e dalla pipì. La popò elettrica, capite? E noi stiamo qui. A grattarci le ginocchia. Tra l'altro aiutatemi a dire, nella merda. A rischio, a questo punto, di prendere la scossa. Comunque, geniale è geniale.

Bill è un figo perché invece di godersi i suoi miliardi prova sempre a realizzare qualcosa di buono per l'ambiente e i paesi in via di sviluppo. Altro che Briatore, che se ne sta a Malindi con gli amici di Maria a bagno nell'Oceano Indiano. Figurati. Briatore l'acqua non la usa nemmeno per lavarsi la faccia, usa direttamente lo champagne. Però. Io capisco ancora produrre l'elettricità dagli scarti, anche se un abat-jour che va a cacca un po' mi fa impressione; ma l'acqua?! L'acqua dalla pipì non è tantino? L'acqua dalla *plin plin*? Che se uno ha sete, più che farsi acqua e menta, si fa acqua e me... Praticamente in questa macchina speciale piena di tubi e di turbine mettono il tuo prodotto interno lordo ed esce un bicchiere di acqua potabile. E in più fai accendere la lampadina, così di notte vedi dove fai pipì e non benedici l'asse.

Pensa se l'invenzione prende piede? La imbottigliano e per legge devono poi mettere sull'etichetta la zona di produzione? Tipo: "Acqua sorgiva prodotta dai cittadini di Borgo Vanchiglia". O Messner che fa: "Purissima, levissima, merdissima!".

Una curiosità: ma l'acqua ricavata dalle feci dei maiali saprà di San Daniele? Comunque, Bill, per vantarsi davanti al mondo intero, ha presentato l'invenzione di persona e ha fatto un video che ha poi messo in rete. E nel video si vede lui che assaggia un bicchiere di quell'acqua lì. La beve per far vedere che è buona. Solo che... ne beve uno stisin. Una goccina. Un frisin. 'Na lacrima. Non tira giù una bella flapà, una bicchierata, una golata di quelle che ti spari in estate, no, un plin. Un gucet.

Bill??? *Drink a shot of shit!* Gli ho detto di spararsi senza paura una flûte di cacca. Bill? Nella vita un bicchiere di merda lo abbiamo bevuto tutti. Se poi fruttasse miliardi, come a te, la tireremmo giù a garganella, a caraffe, Billy the kit, a secchiate come si fa con l'acqua di montagna, che metà va in gola e l'altra nel colletto... Comunque nel video alla fine dice una roba che non si capisce, beve e fa: "Fgdjnnaskak"... Forse dice: "Sa di tappo"? Tra l'altro una scena simile l'avevamo già vista con quello di Fukushima... vi ricordate? Aveva bevuto l'acqua che usciva dalla centrale ed è durato il tempo di un addio. E lascio questo argomento di scienze varie con uno slogan per il nuovo prodotto che presto sarà in commercio: "Liscia, gassata o... cagarelle?".

Prostamol

È uno sporco lavoro ma qualcuno deve pur farlo. L'avete vista in TV la pubblicità del marito con la prostata balenga? Vi racconto. Inquadratura. Letto matrimoniale. Lei che si sveglia in piena notte con le occhiaie smufle come i pantaloni dei rapper e un principio di infarto e vede lui in piedi in pigiama che notte dopo notte tira fuori scuse diverse: "Mi sono alzato perché pensavo che ci fossero i ladri", "... perché sbatteva la finestra", "... perché mi sono dimenticato di chiudere la porta del garage".

Già che c'era poteva almeno trovare delle scuse un po' più fantasiose. "Mi è sembrato di sentire un merlo che stava annegando nel water", oppure "c'era uno zombie in soggiorno ma l'ho spaccato in due con la sega a motore". In realtà, lo capisci da subito che lui si alza per fare pipì perché c'ha qualche problema alle tubature. Un classico. La prostata spanata a una certa età è proprio un difetto di fabbrica. Avete delle prostate che durano cinquant'anni montate su una carrozzeria tarata per farne ottanta.

Comunque. Stacco. Si vede lei dove? In farmacia. Che va a comprare cosa? La pastiglia per la prostata. Lei?! Cioè NOI dobbiamo andare a comprare a VOI la pastiglia? Ma siete scemi? Già facciamo tutto in casa, poi dobbiamo andare noi a comprarvi la pastiglia, pezzi di fessi? Ma un momento, uno, in cui badate a voi stessi c'è? Un attimo in cui fra calcio, calcetto, e play vi date uno sguardo d'insieme per vedere se siete ancora vivi, esiste?! Andateci voi a comprarvi il Prostamol. Che tra l'altro, anche come nome, non è che invita: Prostamol. Ma come vi è venuto in mente? La somma di due disgrazie. Prostata e mollo. Almeno Prostadur ti darebbe un senso di futuro...

Nello stacco successivo si vede lui che porta la colazione a letto alla moglie e dice: "Questa volta non ho bisogno di trovare scuse". E lei lo guarda come solo le donne sanno fare coi maschi. Un impasto di consapevolezza e rassegnazione. È lo sguardo laser, quello che legge il codice a barre della vostra ignominia.

Allora. Prima domanda. Ma se quello lì viveva solo, cosa gli capitava? Che gli veniva un prostatone aerostatico? Si ritrovava sotto il perineo il baule di una station wagon? Quel cretino – perché di cretino si tratta, scusate – si alzava sei o sette volte tutte le notti a far pipì senza chiedersi mai se ci fosse un perché? Andando dal bagno al letto spisciazzando con la cadenza della circumvesuviana di Napoli? A parte che intanto quando i maschi di notte si svegliano per fare pipì piantano un casino che è difficile che tu non te ne accorga. E si inciampano nei piedini del letto, e si incriccano la schiena, accendono tutte le luci della casa che sembra subito San Giovanni, lasciano la porta del bagno aperta, e poi fanno quelle pipì sonore che nella notte risuonano come le cascate delle Marmore. Non si alzano, per fare pipì, esondano.

Ma poi. Seconda cosa. Se i maschi hanno un problema di salute ti danno il tormento. Non è che dissimulano come quello lì. Ci manca solo che mettano i manifesti per strada. Ti fanno una capa tanta. Che la prostata gliela faresti saltare tu con un raudo.

Ma com'è che i maschi in pubblicità sono sempre più rincoglioniti? C'è persino uno che non capisce come si apre la vaschetta salvafreschezza dei salumi: un tizio con la faccia da fisico nucleare laureato a Harvard, un luminare della biogenetica che guarda la vaschetta del prosciutto come si guardano le forme di vita provenienti dagli abissi... I figli, la moglie, tutti aprono felici e lui un inetto, un pinguino nel deserto del Sinai. L'uomo, diciamolo qui fra noi che siamo in famiglia, talvolta è un cretino veramente. Però non sempre semprissimo.

Prêt-à-scaglier

Certo che l'invasato coreano non la smette. Il cretinetti di Pyongyang. La zucca vuota con gli occhi a mandorla, Kim Jong-un, ha dichiarato che possiede la bomba atomica miniaturizzata. Yes. Anzi. *Han.* Gli scienziati coreani sono riusciti a miniaturizzargli l'ordigno. Si vede che in Corea sono fatti così: più ce l'hanno piccolo e più se ne vantano, al contrario di quel che succede da noi. Certo che è veramente fuori di testa... ma non può trovarsi un altro passatempo al posto di giocare con le bombe atomiche? Non so... un corso di involtino primavera, uno stage di Ikebana, un seminario sul tofu come santuario dell'anima e uno su come mangiare il brodo con le bacchette.
 Ma scusa, cosa vuol dire bomba atomica miniaturizzata? Tipo una bomba da borsetta, grossa come un portacipria? Una bomba prêt-à-porter, prêt-à-scaglier, che se la tiri non fa il fungo atomico ma una roba più piccola? Tipo un sottaceto? Uno champignon? Il megalomane si è fatto persino un selfie vicino alla bomba. Che più che un'atomica sembra una di quelle palle da discoteca anni Ottanta.
 Comunque, se più la bomba è piccola più Kim è contento, facciamogliela fare ancora più piccola. Grossa come una pastiglia Valda, che così se la tira negli Stati Uniti gli dissoda un campo di patate... O più piccola ancora, tipo supposta, così la adopera per farsi saltare le emorroidi! Lui ha

dichiarato: "Se gli Stati Uniti fanno i furbi noi gliela tiriamo. Come avvertimento".

Scusa, ma se tiri un'atomica come avvertimento, quando ti incazzi veramente che cosa fai? Bevi il vaiolo e ti butti di testa su Manhattan? Ma sto Kim Jong-un secondo me ha bisogno di un sostegno psicologico. Non possiamo mandargli Meluzzi? O Crepet? Guarda che sono bravi eh? Vanno lì, si fanno raccontare della sua infanzia, della relazione con la mamma e col papà, gli spiegano che la vita è una cosa meravigliosa, e secondo me lo mettono a posto. Dopo va anche ospite da Barbara D'Urso e bon. Guarito.

Un "Big Frank" con patatine, per favore

Grande agitazione in Vaticano. Preti e vescovi furibondi. Cardinali neri. Anche quelli di pelle bianca. Persino le stole di ermellino hanno ripreso vita e adesso mordono. E perché? Perché a Borgo Pio, che non è il borgo dove è nato il pulcino ma il quartiere "simbolo" del Vaticano, stanno per aprire un enorme McDonald's: si è scatenato un inferno che manco Dan Brown. Perché né preti né residenti lo vogliono. Ma hanno ragione, scusa. Cosa ci fa un McDonald's, trionfo della carne, a un passo da San Pietro, santuario dello spirito? Cosa ci fanno briciole di vacca all'ombra del Bernini?

Si è arrabbiato persino Bertone, che ha detto: "Ma a saperlo vi davo casa mia. Ci uscivano anche un Eataly, un parco giochi e una pista di Formula Uno". D'altronde un conto è la moltiplicazione dei pani e dei pesci, un'altra quella dei cheeseburger e dei fish and chips. Insomma. Nessuno lo vuole. Soprattutto i cardinali che ci abitano sopra e a cui poi risalirebbe il tanfo in casa e gli feterebbero le stole. Poi quando vai a baciargli l'anello senti puzza di ketchup.

Il rischio è anche che diventi un locale frequentato solo da seminaristi che si mangiano un "Big Frank" o un "Chickeneminens" battendosi il cinque e dicendo: "Bella zio, che la pace sia con te, c'hai una paglia?". Ma come si fa a mettere un McDonald's in Vaticano? In un posto dove prima c'era... indovina cosa c'era? Un seminario? Un ostello per i pellegrini? Un centro di accoglienza per i profughi? No. Una banca. Sì. C'era una banca. Ma com'è che la banca non faceva schifo a nessuno? Perché la pecunia *non olet* e invece gli hamburger sì?

E poi la cosa pazzesca è che quei locali sono del Vaticano! Gestiti dall'APSA, che non è l'Associazione astici pelati senza anestesia ma l'Amministrazione del patrimonio della Sede apostolica. Cioè. È roba loro: si arrabbiano con se stessi. Come fanno quelli del Pd e dei 5 Stelle. E l'affitto di quel posto lì, che è di 538 metri quadri, dovrebbe essere circa 30.000 euro al mese. Hai capito? Con un affitto così devi farti andare bene anche la puzza di olio fritto.

Ma possibile che non ci sia una soluzione? Non so, potrebbero mettersi d'accordo. Magari McDonald's potrebbe offrire cibo gratis a quelli che ne hanno bisogno o destinare una parte dei profitti in beneficenza. Servire la Papa-Cola, povera di zuccheri ma ricca di spirito, e coi proventi aprire una missione in Africa...

Tocca adattarsi. Perché non è finita, oltre al McDonald's adesso apriranno pure un Hard Rock Cafe. Anche lì. Un Hard Rock Cafe in Vaticano? Ma cosa ci metti? Al posto della chitarra di Elvis Presley le trombe del giudizio universale? Invece del giubbotto di Kurt Cobain la prima tonaca di suor Cristina?

Intanto vediamo il lato positivo: meglio un McDonald's o un Hard Rock Cafe che un "Compro oro" o una sala Slot. Ti pare? Dài.

Ultima osservazione. Mi permetto, sommessamente, di sollevare un facile quesito in tutto questo bailamme di banche, Hard Rock Cafe e McDonald's: l'Imu c'è qualcuno che la paga?

Tre centimetri sopra la jolanda

Spostiamoci a Padova, ridente cittadina veneta dove succedono cose che voi umani... e dove i pompieri della caserma di via San Fidenzio hanno ricevuto una, classica, telefonata. Una signora sessantenne li ha chiamati dicendo che aveva perso le chiavi di un lucchetto e che non riusciva ad aprirlo. Niente di che. A parte che, detto tra noi, se tu perdi le chiavi di un lucchetto vai dal ferramenta, al limite ti rivolgi a un fabbro, non mi sembra il caso di scomodare i pompieri. Ma tant'è.
Questi partono in gran tromba, arrivano dalla bella bagiana e si trovano davanti una signora che con le braghe calate dice: "Ho perso le chiavi della cintura di castità e non riesco più ad aprirla". Noi non stiamo mica bene. Saranno le polveri sottili. Ma capisci? C'aveva una cintura di castità, come quelle del Medioevo, modello "Trono di Spade", ferro e sigillo. Quella della moglie di Fantozzi nel film in cui lui torna dalle Crociate. Col suo bel lucchetto, come quello di Moccia, solo che quello era tre metri sopra al cielo, questo tre centimetri sopra la jolanda.
Pensa solo i pompieri che faccia avranno fatto... Anche perché andare col flessibile in quella zona lì non è affatto facile. E poi di solito i pompieri sono chiamati per incendi o al massimo per gatti intrappolati sugli alberi, non per tope intrappolate in una gabbia. Forse, nel caso specifico,

invece dei vigili del fuoco bisognava chiamare i meccanici di Marchionne, i meccanici della Fca... Ma come si fa a perdere la chiave della cintura di castità? Tienila nel mazzo delle chiavi di casa. Così, nello stesso mazzo, hai la chiave della toppa di sopra e la chiave della "topa" di sotto...

E poi. Perché mai una signora nel 2016 dovrebbe mettersi la cintura di castità? Perché pare che, sentendo sempre parlare di violenze in televisione, giustamente si sia molto preoccupata e abbia voluto mettere la museruola alla jolanda. Ma poi chi gliel'ha fatta sta cintura di castità? Cioè, uno non è che va dal ferramenta e se la ordina. Secondo me se la sarà fatta da sola. Con la retina dei tappi del Gancia Spumante. Ti bevi sei o sette bottiglie di spumante, e poi, più allegra, ti metti lì con le pinze da elettricista...

Ma pensa anche solo vestirsi, che casino: non c'è niente che ti stia bene, con una cintura di castità di ferro. A parte che, quando entri nel camerino di un negozio per provarti un vestito, da fuori si sente il rumore che fa un treno della metropolitana in manovra. Di jeans non se ne parla, se metti i leggins sembra che davanti tu abbia una locomotiva giocattolo della Rivarossi... solo camicioni tipo Paolo Villaggio. Al mare ciao. Non solo ti va via un capitale in antiruggine, ma poi quando ti tuffi non torni più su. Anche in palestra, la vedo male. Quando pedali sulla cyclette fai il rumore di un carro armato in avvicinamento. E anche il check-in in aeroporto, dài... è impossibile. Suona l'allarme direttamente nella caserma dei paracadutisti della Folgore.

Comunque. Che consiglio dare alle donne che restano intrappolate nella loro cintura di castità? Care amiche: io una volta che sono rimasta chiusa fuori di casa, ho chiamato i vigili del fuoco e loro mi hanno aperto la porta con una carta di credito. Se va bene per la porta, la carta di credito aprirà anche la vostra cintura di castità. E Berlu ne è la prova.

La "zampicure"

Una nuova moda dilaga tra i Vip di Los Angeles: il chirurgo estetico per cani. Il cervello dell'umanità sta marcendo, a cominciare proprio dalla meravigliosa America. Lo specialista si chiama Alan Schulman e opera sia cani che gatti. D'altronde... anche il nome Alan... ci sta. Alan dice che lo chiamano soprattutto donne, molto ricche, che hanno già avuto personalmente degli interventi di chirurgia estetica. Eh certo. Dopo che ti sei spianata, limata e piallata, non avendo più spazio per intervenire sulla tua carcassa, ti butti sul cane.

Il primo passo è stata la "zampicure". Che sarebbe la manicure per cani, per farti tornare Bobi con le unghie belle curate e laccate come quelle di una velina. Ma la zampicure è niente in confronto all'intervento più gettonato: il riposizionamento degli amici di Maria. Per evitare lo spazio sgombro del cane castrato cosa fa il veterinario? Mette le protesi. Gli infila due palle finte per non farlo sentire a disagio. Spero siano balle di pietra di Luserna così il cane può correre e andare allegramente in frenata sui testicoli facendo anche dei bei testa-coda.

Altro intervento che va fortissimo è la plastica alla bocca dei mastini o dei boxer. Purtroppo i mastini perdono le bave e le madame le schifano... e quindi via all'operazione per il risollevamento delle fauci! Ma se i mastini perdono le bave, cacchio, ci aggiungo io per rinforzo, è perché devono perderle, perché nel loro equilibrio psicofisico è necessario anche questo. Magari a noi umani fa schifo, ma a loro probabilmente piace... Pensa a due femmine di mastino che guardano un cane operato da Alan e dicono: "Carino, sì... peccato che non sbava... è secco, secco, secco, come fai a limonare con uno così? Ti scartavetra il muso. Invece l'hai visto Flip, il mastino dei vicini? Sbava alla grande. È uno *sbaveur*, fa anche le bolle, e io lo amo".

Poi. Molto richiesti anche blefaroplastica e lifting agli shar pei, quei cani tutti pieni di rughe. Ora io dico. C'hai uno shar pei? E cosa fai, gli fai il lifting? Guarda, sparati. Se non ti piaceva un cane con le rughe potevi comprarti un dobermann che è liscio come un'anguilla! Non uno shar pei che è drappeggiato come una mantovana, sembra un piatto di lasagne! E la plastica al naso dei pechinesi e dei carlini? Sai che hanno quel naso bernufio, a cavolfiore, come se passassero la loro vita a sbattere contro le porte a vetri... ecco, il dottor Alan gli riapre le narici col botulino.

Ma ti pare? Ma allora scorciamo anche le orecchie ai cocker e mettiamo il tacco dodici alle bassotte che sono di coscia tracagnotta. Togliamo i nei ai dalmata col laser e facciamo fare un naso alla francese ai bull terrier che c'hanno sto nasone da pugile. Una volta il cane da riporto era un cane da caccia, adesso probabilmente è un setter con la riga da una parte come Sandro Mayer.

Ma la cosa ancora più pazzesca, dice il dottor Alan Schulman, è che parecchie signore si presentano accompagnate da una nuova figura professionale: il "pet communicator", ovvero una persona specializzata nella comunicazione con gli animali. Tipo medium. Che chiede alla bestia se è d'accordo per l'intervento. Certo. E come fanno, i cani, a segnalare che non vogliono fare l'intervento? Abbaiano? Can che abbaia non vuole?

Queen Elizabeth

Oggi parliamo di Queen Elizabeth. La regina Elisabetta, la Bettona, la Bettuccia che ha battuto tutti i record di regnosità. Com'è che si dice? Di tronaggine. Di longevità di trono. Prima di lei c'è stata solo la sua ava regina Vittoria, che ha regnato per sessantantré anni, sette mesi e due giorni.

Pensa che palle. Fare la regina per settant'anni. Una corona in testa per settant'anni pesa, ti viene una cervicale che ti porta via. Non è solo il peso, ma è anche la fatica di tenerla dritta. Già chinarti a guardare se nel parco hai pestato una cacca di cane non puoi se no la corona cade. Per controllare devi tirare su la gamba come le Kessler.

Chissà perché Betta non abdica... Forse perché sa che razza di badola è suo figlio, che poderoso balengo ha generato. Comunque. Dopo sessant'anni di lungoreggenza, i funzionari dell'Impero Britannico hanno deciso di cambiare per la quinta volta la sua immagine sulle monete e sulle banconote. D'altronde è stata incoronata che aveva vent'anni, un po' di frollatura c'è stata per forza. Quindi hanno fatto un bando di concorso e una montagna di gente ha proposto il proprio ritratto, che comunque deve avere parametri precisi. Non è che puoi incidere la regina nelle monete mentre fa pipì o si soffia il naso in un pampino di vite...

Allora, intanto un pensiero profondo, da vera oca delle brughiere: pensa la differenza tra uno normale e la regina

Elisabetta... Noi per vedere come siamo cambiati nel tempo ci riguardiamo l'album delle foto, lei le banconote inglesi. Visto, che filosofia profonda da una che ha fatto il collegio dalle suore? Se la ferma la stradale e le chiede un documento di identità lei tira fuori dieci sterline.

Le regole per la stampa su filigrana sono che lei deve essere di profilo e girata verso destra. Però questa volta dovevano invecchiarla ancora un po' se no non era credibile. Solo che sai, invecchiare apposta una donna, che per di più è anche una regina, ci vuole un bel becco. Per cui la abbellivano un po' tutti. Poi è arrivato uno che invece se n'è sbattuto bellamente, l'ha ritratta facendola un po' più... diciamo "cessa", ma in Inghilterra credo si dica più elegantemente *waterloo*, e alla fine ha vinto lui, quello che le ha fatto le zampe di gallina e il mento molle. Tutti contenti compresa la tronata che pare abbia detto all'incisore: "Ma che bella carampana mi hai fatto, darling!".

Pensa solo se Berlu diventava presidente e facevamo le banconote con la faccia sua? Che disaster? Sceglieva sempre quelle dove sembrava che avesse sedici anni. Peccato però che in testa, la regina, abbia sempre la corona: non potevano approfittare per svecchiarla un po'? Per cosa è famosa, la Queen? Per i cappelli, no? E allora mettetele il cappello, non sta cavolo di corona come Miss Italia. Sempre diverso, però: a seconda del valore della moneta o della banconota, cambia il cappellino. Per il penny, un cappellino fatto con la carta da giornale tipo quello degli imbianchini. Per la sterlina, cofana bombata con piume rosa e due mandarini; per la banconota da 50 sterline, il massimo, un cappello con cespuglio di more, nido di chiurlo, un uccello del paradiso, e tre piroghe che naufragano sorrette da un Nettuno dio del mare che esce dai flutti. Ma pensa che figo... "Quanto costa questo?" "Un cappellino bluette e quattro colbacchi di pelo di martora, grazie."

La domotica del picchio

Bon. È partita la moda della domotica. Delle cose automatiche in casa. Che si accendono da sole. Tu non devi fare più niente, fanno tutto loro. Peccato che scleri. Non esistono più gli interruttori della luce. Quelli facili che fai *clic* e accendi la luce. No. Devi salutare l'interruttore. Sventolare la mano come dai finestrini del treno. Tu prova ad andare in un albergo per lavoro. Ti portano alla neuro dopo due ore. Tutto domotico. Prese della corrente, queste sconosciute... Siamo tutti pieni di iPad, iPed, iPod, iMerd, e di' se trovi una presa della corrente per attaccare il caricabatteria, che tra l'altro la batteria si scarica in un quarto d'ora. Adesso abbiamo dei cellulari fantastici, peccato che durino in carica il tempo di lavoro di certi impiegati del comune di Sanremo, cioè niente. Se ti va di lusso, di presa ne trovi una dietro l'armadio, che devi spostare un quattro stagioni da sola e incastrare la testa tra l'anta e il muro.

E vogliamo parlare della doccia? Ma perché io alle sette di mattina devo spremermi le meningi per capire come cacchio funziona un rubinetto? Perché mi devi fare i test d'intelligenza all'alba, che sono completamente rimbambita e se qualcuno mi chiede come mi chiamo non lo so? Con ste manopole che sono dei joystick, e l'acqua che esce da qualunque buco tranne da quello che ti aspetti? Con la potenza di un idrante della polizia. Ma perché mi fai la cromoterapia con la luce che cambia, gialla, rossa, verde e blu e non mi fai un rubinetto che piscia acqua calda se è rosso e blu se è fredda? È intuitivo: rosso, cioè fiamme, brace, inferno, è calda; blu uguale mare, fiume, ghiaccio, fredda.

Domotico mio del mio beneamato picchio. Ma parliamo del piatto della doccia. Non dico di farlo antiscivolo perché sarebbe troppo intelligente, non dico di farlo rugoso come le tartarughe e non liscio come il tuo corpo di lumaca, pirla, ma almeno non farmelo bombato di ceramica liscia che appena ci butti sopra un po' di shampoo rischio i femori. Rotolo come un anello in un piatto, sembro Carolina Kostner ai mondiali di pattinaggio. Ci cammino dentro come avessi novant'anni non vissuti in perfetta forma.

L'altro giorno ero in un albergo per lavoro con un lavandino grosso come una piscina olimpionica appoggiato a un piano con un bordo di mezzo centimetro. Mi spieghi anche tu, architetto mio, dove posso io appoggiare il sapone, lo spazzolino e il dentifricio, pirla? Il beauty dove lo metto? Me lo tengo sotto il braccio mentre mi lavo le ascelle? Allora che faccio? Lo appoggio dentro al bidè. Peccato che con la fotocellula parte l'acqua dal rubinetto, che mi riempie tutto. Già, perché non c'è più un rubinetto che si apra normalmente. Prova ad andare nei bagni delle pizzerie, dei ristoranti, ma anche degli autogrill: parte la danza dei sette veli. Ti sembra di essere Giovanni di Aldo Giovanni e Giacomo quando facevano gli acrobati bulgari.

Che poi fossero tutti uguali ci sta. Ma ce n'è uno diverso dall'altro. E quello col pedale, e quello che devi schiacciare la frizione, e quello che devi mettere la mano sotto il getto, e quello che la devi mettere sopra, e quello che devi scrollare i fianchi come Shakira, e quello che devi insultare il sifone in lingua araba, quello che manda una cascata tutta di un colpo che ti riempie le maniche e quello che piscia mezzo bicchiere alla volta e per lavarti le mani ci metti due ore. Ho visto gente strofinarsi sul rubinetto come una ballerina di lap dance al palo! Andare su Google per capire come si fa... Senza contare l'asciugone. Eh già, perché non vanno più di moda i rotoli di asciugamano che tiravi e bon. No. Per risparmiare carta, giustamente, c'è l'asciugone elettrico. Il fonone. Che metti dentro le mani e non te le asciuga. Ti stacca le falangi. Vuoi mica dirmi che quello non consuma?

Al cul test

Un noto imprenditore padovano è stato fermato dalla polizia stradale perché andava a 220 chilometri all'ora in autostrada a bordo della sua Porsche Carrera. Apro subito una piccola parentesi: non per giustificarlo, ma se ti compri una Porsche Carrera è perché vuoi sfrecciare, se no ti compravi una Panda. Chiudo la parentesi. E perché andava a 220 all'ora? Per trovar la bimba sua, nanana ana na nana? Perché aveva pestato un cicles e gli era rimasta la scarpa incollata all'acceleratore? Per vedere se a 220 all'ora si staccano le cacche dei piccioni dal tettuccio?

No. Lui ha detto ai carabinieri: "Sto andando a 220 chilometri all'ora perché ho la diarrea". Per carità, può succedere... Un colpo di freddo, una cozza non di prima mano, un mal di pancia improvviso capita. È un po' come il colpo di sonno. Anche senza doppiare Capo Horn o risalire il Rio delle Amazzoni, una botta di squaraus è capitata a tutti... In questo caso c'è anche un aspetto positivo: nel traffico, spesso ci si manda a cagare, no? Ecco, lui ci andava di sua iniziativa.

Solo una domanda, a questo imprenditore: tesoro, ascolta. Scusa la domanda impertinente. Hai l'amico squaraus che ti sollecita? La forza scorre potente dentro te? Gli occhi si fanno piccoli, il sudore affiora sulle tempie e preghi che il portellone dietro tenga anche se le sollecitazioni cui è sottoposto sono tremende? Bene. Ma allora, perché corri ai 220 all'ora? Fermati e falla all'autogrill. Al limite nella piazzola di emergenza. Si chiama emergenza anche per questo! No. Lui ha detto che correva come un dannato perché voleva arrivare al bagno di casa sua.

Certo. Perché voi maschi siete fatti così. Piuttosto esplodete ma dovete farla a casa. Gli uomini hanno "la sindrome dell'asse amica". Preferiscono espletare le funzioni fisiologiche à la maison. Vogliono giocare in casa come fosse la partita che vale lo scudetto. È nella propria toilette che il maschio ritrova la sua serenità. Si siede lì, non fa in tempo a leggere "Chi" sulla copertina di "Chi" perché è già partito il TGV. L'espresso per Marrakech.

Comunque tant'è. La polizia non crede allo scagottatore pazzo, gli fa il palloncino e lui risulta positivo. Menomale che non gli hanno anche controllato i gas di scarico, perché se no ciao. Risultato finale: patente ritirata, dieci punti tolti e 531 euro di multa... Dissenso dell'imprenditore che si somma alla sua dissenteria. Ma non finisce qui. Il diarreato si rivolge al giudice di pace, il quale, colpo di scena, accoglie il suo ricorso. Motivo? L'alcol test era alterato dalla disidratazione dovuta alla diarrea di cui soffriva in quel periodo... Ma da quando la disidratazione trasforma la saliva in vodka? Pazzesco. Vedi come a volte per aggirare la legge basta un nulla, un niente, una "ca..."? Ma tu pensa adesso. Tutti quelli fermati dalla stradale per eccesso di velocità potranno dire: "No, scusi... ho la diarrea, abbia pazienza, ho un cagotto che mi porta via". E come può la polizia capire se è vero? Forse più che la prova del palloncino si farà quella del vasino. Forse più che l'alcol test toccherà passare all'al cul test.

La grande mollezza

Notizia astrobalenga. Una bella novità arriva dall'America e questa volta è destinata a voi uomini, specie terrestre che nonostante esca dal corpo delle femmine poi si guasta quasi subito. A voi, uomini, che se non ci foste... non ci foste. Bon. La novità si chiama Vitaros ed è una pomata maschile antiflop. Avete un walter malmesso? Il "walter del moscerino"? Vitaros scongiura la caduta del muro di Berlino. Evita il crollo del *down* jones... praticamente come fosse un Viagra in tubetto molto facile da usare.

Tu ti impatoli ben bene il walter e quello risorge, si erge di scatto come il cobra dalla cesta del fachiro. E pare che rispetto al Viagra in pastiglie sia anche molto più comodo. Perché il Viagra ci mette del tempo a fare effetto e deve seguire un percorso più intricato, invece questo "Lasonil penico" passa subito *dalla pelle al cuore*... come canta Venditti, che a questo punto dovrebbero prendere come testimonial.

Dicono che sia il primo farmaco topico per la disfunzione erettile. Ma topico nel senso che è per la topa? Oltretutto fa effetto in poco tempo. Dicono tra i cinque e i trenta minuti. Eh però c'è una bella differenza... Un conto sono cinque minuti, che hai giusto il tempo di berti una Coca-Cola, un conto è mezz'ora. In mezz'ora può succedere di tutto, tipo la vicina che resta chiusa fuori casa, ti suona, e tu le apri con una piovra nelle mutande...

Il vantaggio è che non ha effetti collaterali come le pastiglie. Lo svantaggio è che la devi tenere in frigo. E lì è un po' un casino. Devi fare attenzione a non sbagliare. Metti che la confondi con la maionese? Si irrigidisce il merluzzo e il walter sa di Calvé. E poi è un problema portarsela dietro. Inizierai a vedere tutti i maschi all'apericena con la borsa frigo. Oppure andranno a casa dell'amante e si catapulteranno verso il frigorifero. "Tesoro, metti il vino in fresco?" "No. Metto la pomata in frigo." Ma poi perché in frigo? Va a male? Scade come il salmone in busta? E se la applichi scaduta cosa succede? Fa l'effetto contrario, non lo trovi più e devi telefonare alla Sciarelli? E se la spalmi per sbaglio al posto della pomata contro la sciatica? Cammini poi con la gamba rigida come il capitano Achab... "Che t'è successo?" "No, niente... ho sbagliato pomata."

Le istruzioni dicono che bisogna fare attenzione anche a spalmarla. Non è che puoi andare giù di spennellate a vanvera... Devi applicare la pomata soprattutto in cima. All'apice. Sulla punta dell'iceberg. Che così diventa una punta di diamante. Lo puoi usare anche per incidere il nome sulla targhetta del citofono. O le tue iniziali sulla jolanda, come la "z" di Zorro.

Ultima accortezza: pare che tocchi applicarla almeno 8-10 volte prima che vada a regime e funzioni. 8-10 volte non sono un po' tantine? Se per 8-10 volte rimane la grande mollezza di Sorrentino è probabile che la destinataria cambi destinazione. Altra cosa: possono usarla quelli che hanno qualche problema ma non quelli che hanno *il* problema. Mi sono spiegata? Cioè. Un pochino deve collaborare anche lui di suo. Almeno fare il gesto, ecco. Non dico avere una lancia masai, ma nemmeno uno spaghetto scotto. Tipo il silicone... quello delle teglie che si piegano anche se ci appoggi sopra un cicles. Così. Altrimenti ciao.

Stasera gnocca al vapore

Parliamo di nuovi trattamenti di bellezza. Cominciamo da Victoria Beckham, la moglie del banano, del David grande cocomero. Ha svelato il suo segreto di bellezza: dice che per avere una pelle liscia e spianata si fa delle maschere di placenta di pecora e scaglie d'oro. Cinquecento euro a botta compresa la cazzuola per tirarsela in capa. Praticamente si fa partorire un abbacchio sulla faccia e poi il dermatologo ci grattugia sopra un lingotto...

Domanda. Per quale motivo al mondo la placenta di una pecora dovrebbe eliminare le rughe di noi donne? Forse le eliminerà alle pecore. Forse la signora Piera Pecora userà una crema di bellezza alla placenta ovina per avere sempre la pelle morbidina sotto la lana, ma noi? Tra l'altro con le scaglie d'oro come nelle fiabe dei fratelli Grimm. Allora vale tutto. Allora facciamo anche budella d'anatra e sedani? Fesa di vitella e merda di gabbiano? Kiwi, sudore e Barbera! Tanto la Beckham più le propongono minchiate e più è felice. Non si è mai negata niente, dal marito fighissimo a carrettate di figli, a castelli in ogni angolo del mondo conosciuto, che gliene frega a lei di grattugiarsi due balle di fagiano sul naso?

Invece cosa fa la Gwyneth Paltrow? (L'attrice americana che ha chiamato la figlia Apple, "mela", quindi aveva già dato segni di squilibrio tempo fa.) Gwinny ha comunicato sul suo blog che per mantenersi bella si fa dei bagni di vapore alla jolanda per purificarla e profumarla di lavanda. Fa così: si mette sopra una specie di scranno, un trono di spade, una roba tipo geyser, e da sotto, *ftttt*, parte il getto di vapore a cento gradi. Hai presente i ferri delle tintorie? *Frrttt...* Uguale.

E il vapore secondo lei scrosta, pulisce e disinfetta. Però fa anche male! Gwyneth? Ti brasa l'aragosta da viva! Ma ti immagini lo sfiato caldo di un TIR nella jole? Ti viene bollita. La gnocca al vapore. Da mangiare con un filo di maionese. Perché mai devi avere la gigugin pulita col cento gradi, sterilizzata come i barattoli della Bormioli? Cosa te ne fai, ci conservi dentro i carciofini?

E non solo: profumata alla lavanda. Ma non è mica un armadio dove tieni le lenzuola! A parte che a sparare vapore in una zona così intima secondo me ti rimane la condensa come sotto il coperchio del minestrone... Lei dice che così ti disinfetti anche l'utero. Ma come fa ad arrivare fino all'utero, abbi pazienza? Dovresti usare quel coso a pressione che hanno i benzinai per gonfiare le gomme. Te la dovresti far portare a uno e otto, come i pneumatici, e soprattutto ricordarti di abbassare la pressione in estate, se no ti scoppia la gigia in autostrada.

E, per chiudere, il must. La Sandra Bullock. Lei per combattere le occhiaie cosa usa? Un frullato di piraña e diamanti? Un impacco di saliva di Gasparri? No. La pomata contro le emorroidi. Invece di applicare la pomata là, in piena ombra, la spalma dove batte il sole.

Ma come le è venuto in mente? In comune, le occhiaie e le emorroidi hanno una cosa sola: tutte e due stanno sull'orlo di qualcosa. Forse un giorno la Bullock, mentre era lì che si metteva la pomata delle emorroidi ne ha avanzata un po' e si è detta: "E questa? Perché sprecarla? Sai che quasi quasi me la metto sotto gli occhi?". E ha visto che funzionava. Ma allora, per logica, anche il contorno occhi lo puoi mettere... Resta solo un quesito da chiarire: sul bidè della Bullock, invece della saponetta alla lavanda, ci sarà il collirio?

Il portaschifo del Tibet

Niente. Manco scalare l'Everest si può più. Sai la montagna più alta del mondo, 8848 metri, che si trova in Nepal? Bene. È imballata di cacca. Foderata di popò. E come mai? Sono i cinesi che sparano cacca per fare dispetto ai tibetani? *Nein*. È perché la gente va fin su, poi gli scappa e la fa. Fa uno, fa l'altro, fa l'altro ancora e adesso arrivi su e c'è una spianata di letame.

Per secoli hanno provato a dare la colpa allo yeti, ma poi, sai, di yeti se ne vedevano pochi, mentre c'erano più commercialisti con la passione della montagna, per cui il sospetto è caduto su di loro. D'altronde non è che te la puoi tenere fino a quando torni giù. Dovresti avere delle paratoie d'acciaio come i sommergibili. Come quelle del Mose.

E d'altra parte cosa fai? Metti dei gabinetti sulla punta dell'Everest? Ma così togli tutta la poesia. Sulle cime ci può stare un trono di spade? Certo che no. Ma come lo stiamo conciando, questo pianeta? Possibile che il rischio di pestare una cacca sulla cima dell'Everest sia più alto che pestarla in corso Moncalieri dove porto io il cane?

Comunque il problema è che anche il campo base, che sta a 5300 metri, non è dotato di fogne. Ci sono solo delle tende dove gli scalatori possono fare i loro bisogni, gettandoli in fusti che una volta riempiti vengono riportati a bassa quota e smaltiti. Questo ai 5000. Ma dai 5000 in su bon.

Nada de nada. Neanche un cesso dell'Autogrill. Una latrina mongola, un portaschifo del Tibet.

E allora cosa fanno gli scalatori? Se gli scappa fan come i gatti. Scavano una buca nella neve e poi *frt frttt* come i mici la coprono. Solo che al disgelo... alé. Invece dei bucaneve affiorano gli stronzi di Similaun. Ti ricordi l'uomo preistorico trovato nel ghiaccio? Sai come me li immagino, questi resti umani? Come tanti ghiaccioli al caffè. Uno qua, uno là. Sul Monte Bianco abbiamo la Mer de Glace, sull'Everest la Glace de Merde.

Ma pensa che schifo: tu ti immagini di arrivare lassù e godere del respiro dell'universo, tiri su col naso bene aperto anche perché c'è poca aria e cerchi di respirarne più che puoi, e senti odor di intestino. Afror di trippa. Che bello. E poi il problema è anche un altro. Che quando la neve e i ghiacci si sciolgono, tutte queste scorie finiscono nei fiumi e la gente a valle si beve dei gran boccali di schifo.

Pensa che acqua: povera di sodio, ricca di stronzio. Bevi la cacca di uno scalatore di Pecetto. Però non è che ci sono tante soluzioni. O scali col pannolone oppure t'imbottisci di Imodium, così non fai più niente per una settimana e non inquini. Se no, dico le prime soluzioni che mi vengono in mente, cerco di essere utile al pianeta, si può pensare ai sacchetti che si usano per i cani: tu fai; raccogli e poi te la porti giù nello zaino. Poi al primo gabinetto la smaltisci. Oppure, volendo, te la puoi portare a casa e la usi per concimare i gerani.

Altrimenti, lo sherpa ti pianta un tappo da damigiana nel gheghen e te lo leva quando scendi. Te lo stappa con stridor di denti e sprezzo del pericolo. Perché con la pressione accumulata fa l'effetto del metodo champenoise. *Pem!* "Hai sentito? Una valanga!" "No, hanno tolto il tappo a Müller, lo scalatore austriaco."

La strana coppia

Poi dicono delle donne. Anche gli uomini però... arrivati alla soglia dei cinquanta si perdono nella selva oscura e smarriscono la dritta via come l'amico Alighieri. E non dico che precipitano nei gironi infernali, ma certo non bazzicano in paradiso. Vediamo nel dettaglio. Insinna. Il re dei pacchi, pacman: si è fatto biondo. Capelli color maionese. Fa impressione. Sembra una di quelle cameriere in costume della Carinzia che servono birra a Klagenfurt o anche la De Filippi obesa con la voce un po' meno maschia. Sai che qualcuno accendendo la TV ha chiamato il tecnico pensando che il colore fosse andato a ramengo?

La verità è che lui ha fatto una scommessa. Che se "Affari tuoi" fosse andato bene, anzi, meglio dell'anno scorso, si sarebbe fatto biondo. "Affari tuoi" è andato benissimo, e così ha dovuto ossigenarsi. E se "Affari tuoi" dovesse andare ancora meglio? L'anno prossimo si fa fare uno chignon come Carla Fracci? Speriamo di no. Va già bene che non abbia promesso di fare lo strip in diretta, come la Ferilli quando ha vinto la Roma. E se invece adesso, piuttosto che vedere Insinna biondo, la gente cambia canale e gli ascolti colano a picco?

Io cosa potrei fare se dovessero aumentare a dismisura le vendite dei miei libri? Magari mi tingo le sopracciglia di fucsia e mi faccio le orecchie fosforescenti. Oppure no. Chiedo a Marchionne se mi metallizza i capelli. Guarda, vado direttamente a Detroit. Non so se a Torino metallizzano ancora.

Altro tinteggiato è Cracco. Il cuoco. Il figone di "MasterChef". Lui ha lasciato intatta la chioma ma si è tinto la barba. Ce l'aveva brizzolata, molto sale e pepe, che per un cuoco è la morte sua... bon. Partito l'embolo se l'è tinta. Se l'è fatta color cioccolato fondente con pralinatura di fave di cacao. Color aceto balsamico di Modena. Magari è stato un incidente, gli è rimasta nell'impasto mentre preparava la Sacher oppure l'ha pucciata per sbaglio nel brasato.

Tanto non c'è niente da fare. L'unico maschio che sta bene tinto è Malgioglio. Lui e il suo ciuffo di puzzola. Una pennellata di chantilly. Mi fa così ridere quell'uomo... Ha detto che una volta in una trasmissione, per fare una gag, Belén gli ha messo la lingua in bocca e lui ha vomitato per una settimana. Manco fosse stata la lingua di una vipera. Ma dài... Gli è venuto il disgusto come quando da piccolo il pediatra ti metteva quel legnetto nella gola per vedere le tonsille.

Il 99 per cento dei maschi italiani starebbe con la bocca aperta come i passerotti pur di farci entrare qualcosa di Belén, e lui niente. Io conosco solo maschi che limonerebbero con Belén anche se avesse appena inghiottito una nutria. Lui voltastomaco. Solo per due dita di lingua. E se gli toccava il sedere cosa succedeva? Lo mandava in coma? Chissà, magari Belén è fighissima, però l'alito difetta... Avrà un fiato importante, potrebbe non essere verbena in un campo di lavanda. Forse è per quello che Malgioglio è rimasto indisposto. D'altronde qualche difetto ce lo deve avere pure lei, no? Scusa. Non può avere anche l'alito di rosa, l'ascella che sa di pesca e i piedi profumati di patchouli!

I capelli di sicuro li ha puliti. Avete visto come se li lava? Io sì. L'ho vista su Instagram. Perché sono diventata social anch'io. Apro le porte alla mia intimità. Svelo i veli che mi velano. Sono su Instagram: lucianinalittizzetto. E ho visto la foto della Bella Belanda che si lava i capelli.

Dunque. Nella foto precedente aveva l'influenza e si vedeva lei nel suo letto di dolore. Straziata nella branda. Col galup di fuori a fare da antenna e a raffreddare il corpo arso dalla febbre. Dico. Secondo te quando una donna normale ha la febbre e lo scagaccio mette un tanga e si ribalta mezza fuori dalla materassa con le tette in vista? Io con l'influenza sembro un finocchio bollito, e lei Mata Hari? A me vengono gli occhi della Meloni, le orecchie mi fischiano, mi sembra di sentire un acuto di Al Bano, e lei invece se ne sta lì a pancia molle con la farfallina che vola serena laggiù dove ogni italiano vorrebbe volare? Noi a Torino diciamo *gaute la nata*, cioè lèvati la fissa.

Comunque poi guarisce e si fa lavare i capelli dal suo amico Lollo. Con la testa nel lavandino della cucina e i piedi dove impasta gli agnolotti... Chi di noi non si lava i capelli così? Nella posizione di un insetto stecco. Messa come il filo per stendere... E si è messa così perché era di corsa. Forse se avesse avuto tempo si sarebbe infilata direttamente nella lavastoviglie. E dopo avrebbe postato la foto in cui si asciugava i capelli con la testa nel microonde.

Anch'io faccio così. Per passarmi il cotton fioc nelle orecchie lo infilo in un buco nel muro e poi per sifolarmelo salgo su con la scala. Il pediluvio lo faccio nei tombini. La doccia non la faccio mica in bagno! Telefono a Lollo e mi faccio tirare delle secchiate d'acqua in garage. È anche vero che Belena a casa sua può lavarsi i capelli come cavolo le pare. Guarda, per me può anche mettere le tette in frigo per mantenerle più sode e il sedere in forno per affumicarselo. Dico solo che non è tanto comune... Andrebbe osservata come i fenicotteri rosa del Lago Natron in Tanzania. Secondo me se ne dovrebbe occupare il National Geographic: per studiare le sue abitudini... fare dei documentari. Dopo *Il deserto che vive*, *Belén che campa*.

Scusa, se quando ha l'influenza sta messa come una ninfa nuda sul letto, e quando si lava i capelli lo fa sospesa a Ponte di Brooklyn, chissà per mangiare cosa fa... si farà tirare le sogliole da Lollo nascosto dietro al termosifone? Berrà dal bicchiere, o succhierà il nevischio dal freezer? Dormirà con gli occhi aperti come i delfini? Un'ultima cosa mi chiedo: se Belén si mette in questa posizione per lavarsi i capelli... quando fa il Kamasutra come si mette? Secondo me Belén ciupa appesa come un pipistrello nella cabina armadio.

W la Sederconsumatori

Ci sono momenti in cui sento proprio la forza e l'energia che si fondono in un unico anelito: mandare a stendere. È una bella sensazione: le orecchie si scaldano, le iridi si stringono e il vigore della gioventù percorre di nuovo il mio corpo di donna già un po' *frollé*. Amici del call center? Ce l'ho con voi. Basta con sto sfinimento di telefonate a qualsiasi ora del giorno e della notte, non ne possiamo più! E non ce l'ho con voi operatori, che fate sto lavoro perché probabilmente non ne avete trovato un altro, ce l'ho coi vostri capi, a cui vorrei che crescessero le ortiche nelle mutande. Vorrei chiamare loro alle undici di sera, mentre bevono lo champagnino in compagnia di un'orchestra di entraîneuse, e dirgli: "Me le va a prendere, per favore, le sue bollette dal novantatré in avanti?!".

Testine di pongo! Ci tormentate dalla mattina alla sera. "Buongiorno, sono Davide... lei è la signora Littizzetto?" "No, sono Eva Mendes, sto facendo l'amore con Ryan Gosling..." "Ah, molto bene. Volevamo proporle un nuovo contratto del gas. Può mica dirmi il suo codice cliente?" "Eh, certo. Te lo dico subito. Adesso mi metto le mutande e vado a cercare la bolletta. Vuole sapere anche il codice del vaffan?"

Non si fermano davanti a niente. Prima ti chiamavano a casa sul fisso quando avevi il sorcio in bocca. Cioè all'ora di pranzo o all'ora di cena. Adesso addirittura sul cellulare. Ma come? Ci fanno firmare malloppi di fogli per la privacy, e poi qualsiasi pisquano di gestore prende i nostri dati sensibili e ci fa carne di porco? E poi. Se è un portatile vuol dire che me lo sto portando dietro, non sono a casa tranquilla con il contratto in mano pronta a cambiare gestore, mi stai chiamando mentre sono alla cassa del supermercato che carico la spesa. E quindi secondo te ho voglia io in quel momento di cambiare il contratto della luce?

La nuova tendenza poi è chiamarti al cellulare ma di sera, anche tardi, che sei stanco, sverso e manderesti a stendere pure Gandhi, Pertini e Martin Luther King. E il bello è che ti piantano dei torroni infiniti per magari dirti alla fine che puoi risparmiare sei centesimi a bimestre. Perché sono quelli, i risparmi. Non è che ti scassano l'anima per dirti che con loro il gas lo paghi cinquanta euro e stai al caldo tutto l'anno, no no. Ti sframazzano i testicoli per farti risparmiare lo zero virgola quattro per cento al bimestre. E ti chiama gente che non sa neanche l'italiano, parlano peggio di Razzi: ti arrivano telefonate dall'Albania, da Budapest, da Cracovia... neanche a Ban Ki-moon all'Onu gli rompono le palle così!

E il mio pensiero torna a questi poveri operatori. Ci rendiamo conto che stiamo crescendo una generazione di sfanculati? Ragazzi giovani, nel fiore degli anni, che passano le giornate al telefono per due lire con gente che li manda a stendere dalla mattina alla sera? Quale categoria di lavoratori è stata mai trattata così? Uno normale ci viene mandato al massimo una volta alla settimana, a meno che non sia un arbitro. Unica possibilità di sopravvivenza per loro e per noi è buttarla in caciara e rispondere: "Guardi, non posso cambiare il contratto della luce perché a casa mia ho solo candelabri", "Abbia pazienza, adesso non posso, sono caduta in un tombino e mi servono tutte e due le mani libere per arrampicarmi fuori", "Guardi, sto facendo la cresima, chiami dopo".

Non sarebbe male neanche fondare proprio un'associazione: la Sederconsumatori, l'associazione dei consumatori presi per il sedere.

"Cara ascella, ti scrivo..."

Bene. È arrivata la primavera, o l'estate, dipende dai giorni, e anche le ascelle si risvegliano dal loro torpore. Comincia a fare caldo, si scalda il nucleo, e l'ascella si pezza. Solo che se l'ascella sale di temperatura, non è come la faraona arrosto che manda buon odore: l'ascella tanfa. In questo periodo sali sul pullman e... altolà al sudore, parte un aroma di cipolla arrostita sulla lampadina dell'abat-jour che ti stronca. Odor di zafferano e mutande. Fior di loto e grasso di foca.

Sto cercando di descrivere l'odore di ascella... Aiutatemi in questo nobile tentativo. C'è gente che con due sole ascelle mette a repentaglio la vita di tram interi. Pensa se avessimo otto ascelle come i ragni: ci sarebbe ancora vita sulla Terra? Chiediamocelo. Ci sono persone che hanno le ascelle che perdono come il sifone del lavandino: ci vorrebbe la canapa che mettevano gli idraulici, altro che il deodorante... Tra l'altro la TV è piena di spot di deodoranti, avete notato? Ce n'è addirittura uno in cui una tipa scrive una lettera alle ascelle... "Care ascelle, noi vi trattiamo sempre male, vi rasiamo, vi tormentiamo, invece voi avreste bisogno di cremina e di coccole."

Ma sei scema? Ma da quando in qua una scrive alle ascelle? Non la scrivi neanche più all'amore della tua vita una lettera, scrivi alle ascelle? Io capirei ancora quella che scrive alle tette: "Care amiche, da un po' di tempo vi vedo un po' giù..." oppure anche all'alluce valgo: "Caro amico, stai al tuo posto, e non dare fastidio agli altri...". Ma all'ascella... Sono sincera. Vi svelo un segreto. Io da parte mia ho chiesto l'amicizia su Facebook all'ombelico e ho mandato un tweet severo ma fermo alla cellulite: "Crepa".

Ma il top dei top è quell'altra pubblicità dove c'è una tipa in canotta che alza un braccio, mostra l'ascella linda e profumata, arriva suo marito e che fa? Gliela bacia. Le bacia l'ascella! Ma che schifo. Non so voi ma io in tanti anni di onorata carriera non ho mai trovato nessuno che mi abbia baciato l'ascella... O ci passi mentre stai facendo un tappeto di baci al gran completo, e allora ci sta, ma se miri proprio lì non stai bene... hai delle questioni aperte. Devi farti seguire da uno bravo. È come baciare un vicolo senza uscita. Ma puoi farti limonare un'ascella? Basta che abbia ceduto anche solo un minimo, sai che lucidalabbra ti rimane impregnato sulla bocca? Tra l'altro poi arriva la figlia e cosa fa? Bacia l'ascella della mamma pure lei. Quindi una perversione che si tramanda di padre in figlia. Ma perché mai uno dovrebbe baciare un'ascella, che per quanto sia pulita è pur sempre un luogo umido e stagnoso. È un po' come baciare i piedi: l'unico che bacia i piedi è il papa, ma lì praticamente lo fa per lavoro...

Speriamo solo che non diventi una consuetudine. Perché se parte anche sta moda qua siamo rovinati. Vedi la mamma che la mattina saluta i bimbi dicendo: "Su, bambini, prima di andare a scuola date un bacino all'ascella della mamma e del papà". E se vengono i parenti? Un incubo. Ti immagini: "Amore, guarda. Saluta la zia Clotilde che è arrivata fresca fresca in treno da Teramo dopo nove ore di viaggio, dalle un bacino all'ascella, tanto usa Neutro Roberts senza sali d'alluminio!". Giovani virgulti rovinati per sempre.

Una laurea in didietrologia

A Miami c'è un tipo che fa il culo a tutti. Non è Cantone, non è neanche Tyson, ma si chiama Costantino Mendieta, fa il chirurgo plastico, e rifà i lati B. È specializzato in fondoschiena. È il re del dietrofront. Tu vai da lui e lui ti fa un culo così. E lo paghi pure. Opera anche gli uomini che, si sa, a una certa età si sculano. Il tempo e gli anni gli erodono il sedere e dietro gli viene un vassoio, le terre piatte della Mesopotamia.

Il mitico Costantino si fa addirittura chiamare il Picasso dei glutei. Io fossi stata in lui avrei scelto un altro pittore. Ma scusa. Picasso, quando faceva un ritratto, se gli sfagiolava metteva tre occhi, un ombelico in fronte, le narici grosse come il bagagliaio della Panda. Se uno va a rifarsi il sedere da Costantino, magari se lo ritrova sul collo o dietro un orecchio e non andiamo certo a star meglio.

Costantino? Guarda che Picasso era cubista, non culista! Dice che ha studiato molto, ma deve dire grazie a sua moglie, che gli ha insegnato a guardare il fondoschiena in una prospettiva diversa. Ora, se c'è una cosa che non bisogna insegnare agli uomini, è guardare il culo delle donne... è proprio una roba che vi viene naturale. Ci sono uomini che riescono a ruotare la testa di 360 gradi come la ruota del Prater di Vienna. Girano il collo come le betoniere dei cantieri o le manopole delle casseforti. Hanno la vista di

Superman, vedono attraverso l'asciugamano da spiaggia. Voi maschi in spiaggia vi fate delle "cul immerscion" che levati. Siete laureati in didietrologia.

Comunque secondo lui ci sono quattro tipi di sedere. Ad A, cioè vita stretta e sedere a camino, a V, chiappe strette e vita larga, poi tondo e quadrato. Vediamo, come ce l'ho io? Direi a rotonda francese. A Bacio Perugina. A robiola del margaro. Conterà anche la profondità di chiappa? C'è chi ce l'ha poco profondo, e chi ha una fossa delle Marianne? Lui si lamenta perché dice che, nonostante sia un artista del retro, tutte gli chiedono il sedere di Jennifer Lopez o di Pippa Middleton e lui si stufa.

Però hanno ragione. Scusa eh, Costantino, già che me lo rifaccio, almeno punto in alto, ti pare? Non è che ti lasciamo tanto improvvisare, Mendieta, vista la tua propensione per Picasso... E come pensi che lo voglia, un sedere nuovo? Alla Rosy Bindi? Culo di Alemanno? Scusa. Vado fino a Miami e mi faccio fare un deretano come quello di Philippe Daverio? Dài, su.

Allora. Vi dico il prezzo. Un culo base costa 14.000 dollari. Comunque la tecnica è abbastanza semplice. Per rifarti il paragnao lui non ci mette il silicone o altra roba, ma roba tua. Il tuo stesso grasso... ma un conto è prenderne due cucchiaiate per inciccionirsi il walter, un conto è rifare un culo intero! Va bene che di solito c'è da togliere, ma se invece devi mettere, da dove prendi? Ti fai prestare due litri di lardo da Cannavacciuolo? Roba da matti.

Il calendario di Vladimir

Finita la settimana bianca? Siete andati anche a voi a Courmayeur come Renzi? In bermuda sotto la neve? Ma che problemi ha quell'uomo lì coi pantaloni? Li ha sempre più corti. Era partito coi calzoni a misura normale, poi sono arrivati alla caviglia e adesso al ginocchio... Sarà la sua anima da boy-scout che viene fuori. Oppure c'avrà il termostato spanato... Ma puoi andare sotto la neve in braghe corte? Neanche mio figlio. No, perché quella è una roba che fanno gli adolescenti, che in estate li vedi con la felpa col cappuccio come i monaci del *Nome della rosa* e gli scarponi da trekking e poi, come arriva novembre, li trovi nella nebbia davanti alla scuola in maniche corte e bermuda.

Matteo: dicci che sei sano. Dicci: sto bene. Vado in bermuda nelle nevi, ma sono in grado di intendere e di volere e se devo incontrare la Merkel non ci vado col tanga nero. No, perché quello fra un po' fa il calendario come Putin. Certo. Lui ha fatto un calendario come la Canalis. Ci mancava. Lo vendono su Ebay a soli 100 euro. Costa come il canone della Rai. Le foto sono urfidissime, fatte, credo, da una di quelle macchinette fotografiche che negli anni Ottanta vendevano in tabaccheria.

Nella prima si vede Putin con una canna. Da pesca. A petto nudo. Non ha un pelo. Sembra una buccia di banana. Con le tette a "sac à poche", quel sacchetto che si usa per mettere la crema dentro le bignole. D'altronde c'ha anche sessantatré anni. A voi uomini a quell'età lì vi vengono le minne a pane carasau. Guarda che la tetta maschile scende esattamente come quella femminile. Nello stesso orrorifico modo... *También nosotras*. Scendono come le occhiaie dei cani da caccia... Non è che le nostre cascan giù e le vostre risalgono la corrente... le vostre, anche se sono alte due dita, si rovesciano a testa di polipo. Sembrano la cera quando cola. Restate con quel capezzolo *tin tin tin* appeso lì che pende a goccia del rubinetto, che sembra che si stacchi e non si stacca mai.

Segue foto col pesce. Non il suo, per fortuna. Un pesce pescato. Un luccio gigante di Chernobyl. Prima della fuga nucleare era un girino. Poi Putin in versione romantica che annusa la maria. Ma può essere anche un'ortica pisciata da un dobermann, o un pezzo di rosmarino con cui Vladimiro vorrebbe farcire Erdogan prima di metterlo al forno. E infine Vladimiro in palestra. Con la tuta smulencia. Il ragionier Varetto la domenica mattina appena sveglio che si scalda i muscoli, poi va al campetto e si rompe il menisco.

Certo che sti politici mondiali son tutti sbarellati. Il nostro gira in bermuda, questo fa il calendario, quell'altro pistola, il Cicciobombacannoniere, spara i petardi magnum sotto terra: nelle vacanze di Natale ha pensato bene di sotterrare una bomba atomica e poi farla esplodere. Così. Come bere l'acqua del rubinetto quando hai sete. Oltretutto stupendosi poi perché c'è stato il terremoto. Ma va'? E cosa ti aspettavi, Kimone? Che se sotterri una bomba atomica poi spuntano le margherite? Una distesa di garitule? Ma guarda che quello lì è un pazzo pericoloso... tra l'altro dove l'ha sotterrata sta bomba? In una cittadina della Corea del Nord. Ma capisci il cretino? Si fa esplodere le bombe atomiche sotto il culo da solo! Ma si può?! Ecco fatto. Il mondo rischia di finire per colpa di un pirla. Un balengo coi capelli tagliati a ghianda che sembra un supplì con le mani.

Voglio rinascere gufa

E allora amici pimpirelli? Vi siete cotti tutti quanti sotto *el mismo sol*, come canta Álvaro Soler? Siete usciti dalla crisalide? Vi siete rilassati in spiaggia o il vicino di ombrellone vi ha sfrantumato le gonadi? Fidanzati? Uno, nessuno, centomila? L'importante è che siate tornati con una nuova e personale bioluminescenza. Sì, quella che hanno le lucciole. Intese come insetti. Quella riserva di luce che ci deve durare tutto l'inverno. Quella soprattutto che ci deve indicare una strada. Perché tornati dalle ferie dobbiamo avercela per forza un'idea di strada! Possibilmente in piano e rettilinea. Se già a settembre all'orizzonte si profila la strada di Superga non va niente bene. Siamo panatissimi, ci occorre un percorso dritto e ben segnalato. Così non dobbiamo tanto girare il collo. Che quello è rimasto inchiodato.

È incredibile come le vacanze nulla possano contro la cervicale. Guarda, nella prossima vita voglio essere gufo. Anzi, gufa. Ma lo sapete che i gufi possono girare il collo di 270 gradi? Avete idea di che cosa significhi? I gufi hanno la testa che gira come la sedia dei barbieri. Non come noi che siamo rigidi come pupi siciliani, muoviamo solo le braccia e il resto sta inchiodato. Certo che i gufi hanno un sacco di doti meravigliose... Vedono di notte. Io manco di giorno. Poi volano. Pensa che meraviglia. Se hai lavato per terra... *frtt frtt frtt*... ti sposti senza fare pedate. E se ti passa il pullman sotto il naso, due colpi d'ala e lo prendi al volo. Hanno le piume come i Moncler, così quando vanno a dormire d'inverno non devono accendere la termocoperta.

La natura, non avendogli fornito le balle, che possono girare, gli ha fatto girare la testa. A noi se giriamo il collo così tanto si svita. Come il tappo del radiatore. Io tento spesso, quando faccio manovra in macchina, di girare il collo a mo' di cavatappi, ma oltre i settanta gradi sento dolore, oltre i novanta scricchiola mezza spina dorsale, e se lo giro ancora un po' resto così e per farmi uscire dalla macchina devono poi intervenire due osteopati. Ho letto che i gufi hanno delle sacche d'aria nelle cavità delle vertebre del collo, un sistema pneumatico complicato che permette questa super torsione senza danni.

E allora mi chiedo: perché la Natura – o Dio o chi per loro – ha dato questa possibilità proprio al gufo? Tanta ingegneria biologica al gufo? Che minchia se ne fa il gufo, di torcere la testa così tanto? Non ha una mazza da fare tutto il tempo, potrebbe anche prendersi il disturbo di muovere le zampette e girarsi. E poi, cos'avrà tanto da guardare? Le prede da mangiarsi e basta. Capirai. Tutto sto torcere di vertebre per vedere un paio di ratti. Ma pensa come sarebbe utile agli umani. Ai prof in classe, ad esempio, durante le verifiche. Che girano la testa come i fari dei naviganti. Voglio vedere chi riesce a copiare. Al parrucchiere servirebbe un casino. Invece di girare lui intorno alla cliente, potrebbe girare direttamente il collo alla cliente, *vroom*, una pettinatina alla frangia e *vroom*, dall'altra parte. Anche per gli arbitri. Tutto sotto controllo. E voglio vedere se qualcuno ha ancora il becco di gridare: "Arbitro cornuto".

Il lifting verticale

Mi sono innamorata di Renato Calabria. E chi è costui? Non è un cantante neomelodico e nemmeno il presidente della Pro Loco di Gioia Tauro ma il chirurgo estetico che ha operato ColiBrì, il mio amico Briatore. Lui e Briatore pare siano molto amici, diciamo che sono amici "per la pelle", tant'è vero che quando i giornalisti gli hanno chiesto se in effetti Flavio s'era fatto il lifting, il dottor Calabria ha difeso con tutte le sue forze la privacy dell'amico e ha detto subito: "Sì, è vero, l'ho operato io e adesso vi spiego anche che tipo d'intervento gli ho fatto". Insomma: uno molto riservato.

Lui usa una tecnica tutta nuova di sua invenzione, il lifting verticale. Ascoltatemi attentamente, perché potrebbe sempre servire, soprattutto a me che sembro la nonna della Carlucci. Non ho delle rughe, ho delle crepe che sembro il cretto di Burri. I casi come il mio sono disperati, è inutile ristrutturare, si fa prima a radere al suolo e ricostruire. Una volta che ho chiesto a un amico chirurgo plastico cosa avrei dovuto fare mi ha detto di cominciare a chiedere una licenza edilizia.

Allora. Renatone dice che fino a poco tempo fa la tecnica usata per ringiovanirsi era il lifting orizzontale. Vi spiego. Mettete i palmi delle mani sugli zigomi e tirate. Ecco. Così. Effetto tunnel del vento, tipo petto di pollo dentro la pellicola del Cuki. Solo che il rischio "guerriero mongolo" era dietro l'angolo e quindi Renato non ci stava. Così ha inventato questo nuovo sistema: il lifting verticale. E perché verticale? Perché dopo che l'hai fatto devi rimanere verticale sempre? Se ti sdrai ti si strappa tutto e ti saltano le pinces? Sei costretto a dormire in piedi come i cavalli?

No. Lifting verticale perché lui tira su. Credo dalle orecchie, che fanno da gancio, da manici di orinale che tengono insieme la baracca. Praticamente lui ti spella, ti sistema i muscoli della faccia, li tira su con una specie di sparapunti e poi ci riappoggia sopra la pelle. Secondo me i pazienti li mette in piedi, lui si piazza dietro di loro in piedi su una sedia e gli tira su la pelle dalla testa come tirasse su l'acqua dal pozzo col secchio. E dove la mette la pelle in più? Nella fontanella? Nei buchi del lavandino come quando scoli la pasta e gli spaghetti che scappano li cacci a forza lì dentro? Che te ne fai di quei chilometri di pellecchia molle che la Ferilli ci potrebbe foderare un sofà? Con la pelle del collo in eccesso ci fai la sciarpa ad anello? Se uno dal faccione a palla di ricotta affumicata passa al visino affilato di acciuga, da qualche parte devono finire i festoni, no?

L'unica figata è che, tirando tutto su, viene giustamente tutto su, walter compreso, che col passare degli anni ha ceduto anche lui alla forza di gravità. Col lifting verticale, alé!, ti ritorna sotto il naso... Devi solo stare attento quando fai il nodo alla cravatta perché rischi di amputartelo. Se poi, per motivi personali, si volesse tirare ancora, le unghie dei piedi riescono ad arrivare all'altezza dei capezzoli come le squame dei varani.

Buone notizie da Beckingham Palace

Ultime notizie su casa Beckham. Menomale perché cominciavo a preoccuparmi. Io se non ho novità su di loro vado in ansia. Bene. La Beckham family ora abita a Londra. In una stamberga pagata solo 43 milioni di euro, roba che al confronto Palazzo Grazioli sembra l'offerta del mese di Roberto Carlino. A Londra ci sono il Buckingham Palace e il Beckingham Palace. Pensa che dalle foto che la Cristoforetti aveva mandato dallo spazio si vedevano l'Everest e la casa dei Beckham. Comunque. D'estate hanno pensato bene di fare una roba piuttosto normale, cioè mettere l'aria condizionata in cinque stanze. Solo cinque, delle milionate che ce ne saranno in quella casa. La volevano in cantina, per avere sempre la temperatura perfetta per i vini, e in palestra perché non gli si pezzassero le ascelle facendo il tapis roulant. E forse, penso io, nella camera da letto dove gira la turbina dell'amore, altrimenti prende fuoco l'altoforno. Là, nella *bedroom*, dove il maglio forgia le carrozzerie. Là dove l'attrito dei pezzi in movimento brucia la guarnizione.

E invece niente, un vicino tignoso ha protestato con il municipio, dicendo che gli apparecchi esterni avrebbero deturpato lo stile vittoriano della villa, e che se ci provavano li avrebbe ribaltati. Miii però anche sto vicino... ma dài, scusa, un po' di tolleranza, per la miseria! Victoria? Fa' una roba. Fai bollire i cavolfiori tutto il giorno, così lo rovini di tanfo. Anzi guarda: coi soldi che hai, comprati un dromedario, di' che è un collie gigante e fagli fare pipì sul suo zerbino ogni giorno.

Comunque tutto è male quel che comincia male. Con tutte queste proteste che si sono accumulate, il municipio ha detto no. I lavori di installazione sono stati bloccati, e adesso Victoria fuma. Bolle. Un po' per il caldo, ma molterrimo per la rabbia. Pensa che sfiga: ti prendi una villa fichissima e devi marcire dal caldo? Non è che Londra sia Miami, c'è da dire anche questo, però i Beckham sono delicati, devono essere tenuti sempre alla giusta temperatura, soprattutto lei, che se no le si sminchia la faccia. Ma guarda che è una tragedia vera. 43 milioni di casa e poi se vogliono il fresco devono tirarsi i cubetti di ghiaccio? Sventagliarsi con le mutande messe in freezer?

Vicki, scusa se mi intrometto, senti che idea pazzesca che ti do. E mettere un Pinguino De'Longhi? Costa due o trecento euro, meno di una sola piastrella dei tuoi bagni. C'ha le ruote, lo puoi spostare da una stanza all'altra e il vicino neanche se ne accorge. Dài, che risolvi. Oppure i coniugi Beckham potrebbero affittare la casa di mio cugino a Moncalieri... 82 metri calpestabili, lui i climatizzatori ce li ha, sul balcone ha dei motori che sembrano gli acceleratori del Cern di Ginevra e nessuno gli ha mai detto niente. O se no, meglio ancora, Victoria? Potresti mettere una bella ventola sotto al lampadario, come in salumeria. Poi importi una manciata di mosche da Benevento o Foggia, tagli un prosciutto, e sei pronta per fare la testimonial di Dolce&Gabbana.

Le emorroidi di Brusss Lì

Spostiamoci in Giappone, terra di ciliegi fioriti, di sushi e di sashimi. I giapponesi da un po' di tempo hanno un problema. Grave. Non sto parlando della Centrale di Fukushima. Qualcosa di molto peggio. Hanno il problema delle emorroidi. Pare che i simpatici amici giapu ne soffrano tantissimo. Ma come è possibile, che mangiano solo riso bianco, pesce crudo e alghe? E allora i calabresi con la 'nduja cosa dovrebbero avere, le fiamme eterne? E i messicani col chili? Un airbag esploso? E invece sono i giapponesi i prescelti dal destino. E ora mi spiego anche gli occhi un pochino strizzati con cui guardano il mondo. È segno di un filo di sofferenza permanente.

A meno che non dipenda dal wasabi. Troppo wasabi forse fa bruciare proprio lì. Sai che il wasabi, quella maionese verdolina, sembra tanto carina ma brucia come un'offesa. Come le fiamme di Satana. Scalda il cuore e non solo. Il wasabi se non lo sai usare ti fa piangere come quando a sedici anni ti lasciava il fidanzatino. E invece no. Pare che non dipenda tanto dal cibo ma dal fatto che i giapu lavorano tantissimo e passano ore e ore seduti in ufficio. Ma seduti veramente, non come noi, che negli uffici italiani è tutto un tourbillon di "Vado alla macchinetta a prendere il caffè" o "Mi spingo fino alla scrivania della bionda per fare le fotocopie". Per carità, noi siamo efficientissimi, però un pochino più di aria al culo la prendiamo. Bon. Ma il giapponese, che è stakanovista, resta incollato alla sedia che neanche Vittorio Alfieri, e quindi l'emorroide nasce, prospera e dilaga.

Pensa che in Italia quattro milioni di persone hanno questo problema... secondo me zero parlamentari. Perché non li vedo seduti mai. Infatti non è giusto dire che tengono il culo incollato alla poltrona, al contrario. Il loro sottosella vagola allegro per talk show. Comunque in Giappone ora hanno trovato una soluzione originale per questo dolorosissimo tormento: la pietra anti emorroidi. Si trova a Tochigi, una cittadina più o meno in mezzo all'isola più grande del Giappone, e si chiama pietra di Kunigami. Non Kuli Gami, che tra l'altro sarebbe anche meglio, ma queste sono sottigliezze, considerazioni mie. È una pietra che guarisce. Bisogna andare a Tochigi e seguire un rituale preciso, che adesso vi spiego, casomai ci fosse qualcuno che le ha provate tutte e vuole tentare anche questa. Allora, primo, farsi il bidè nel fiume lì vicino, dove mi auguro che ci sia il divieto di pesca; secondo, mangiare delle uova... E questo si capisce, è simbolico: le galline fanno l'uovo tutti i giorni eppure non ne soffrono. Poi il rito prevede di mettersi di spalle alla pietra e sporgere il sedere. *Op!* tipo la Carrà quando ballava. Non sedersi, solo sporgere il sedere verso la pietra. Senti, eh, magari in Italia di gente con le emorroidi ce n'è meno, ma se ce le hai fischi l'*Aida*, faresti la qualunque!

Ultimo ma non ultimo. E poi ditemi se quando affronto un argomento non vado a fondo delle cose. Nelle mie ricerche e nei miei ragionamenti, ho capito anche come mai uno dei più celebri attori orientali si chiamasse come si chiamava. Faceva arti marziali. E il suo nome era... Brusss Lì!

Polveri molto sottili

Il Parlamento europeo si è dato molto da fare e per risolvere il problema dell'inquinamento atmosferico e delle polveri sottili, pensa che ti ripensa, ha finalmente trovato una soluzione. Oh là... menomale. E sai qual è? Invece che diminuire gli scarichi delle auto hanno deciso di raddoppiare i limiti di sforamento. Il regolamento europeo aveva stabilito che per i veicoli euro 6 il limite di emissione per gli ossidi di azoto fosse di 80 milligrammi a chilometro? Bene. Ora è passata la norma che alza i limiti del 110 per cento. Cioè, in sostanza, il Parlamento ha detto che è consentito scaricare nell'aria il doppio di quello previsto. Da 80 a 168 milligrammi.

Alla faccia dell'Europa green. Come se uno andasse dal medico con il colesterolo a duecento e il medico gli dicesse: "È un po' altino, dovrebbe scendere a cento...". "Eh, ma sa... purtroppo non riesco a mangiare meno di due cotechini al giorno..." "Ah be', se lei non riesce ad abbassare i cotechini non c'è problema. Facciamo così. Le alzo io i limiti del colesterolo a quattrocento, le va bene?"

Ma che modo di risolvere il problema è?! Ma li paghiamo noi, quelli lì! Se vanno a Bruxelles a prendere decisioni così è meglio che se ne stiano a casa, almeno risparmiamo l'inquinamento dei loro viaggi! E guarda che questa legge vergognosa l'hanno votata anche i nostri! Allora, perché si sappia, hanno votato contro: il Movimento 5 Stelle, i Socialisti e i Verdi, il Pd si è astenuto, mentre hanno votato a favore la Lega, il gruppo di Fitto e Forza Italia. Lo dico, così quando ci toccherà andare a votare magari ci regoliamo meglio. Noi siamo qui che stiamo soffocando di polveri sottili, le città sono irrespirabili, il cielo è color ratto di fogna, i nostri figli somigliano a dei Dracula appena usciti dai sepolcri, i cani con le zampe corte respirano direttamente i tubi di scappamento, sembrano dei mostri di Loch Ness, e loro raddoppiano i limiti? Ma cosa hanno pensato? Che le polveri sottili sono troppo sottili, non si vedono e fanno malissimo, e che, se magari diventano spesse come il passato di verdura, la gente le vede e le schiva? Ma allora aumentiamo ancora. Esageriamo. Facciamo diventare le polveri grosse come albicocche, così non ti entrano neanche, nel naso, rimbalzano. Facciamo delle auto diesel che sparano dal tubo delle balle di polvere grosse come cacche di cavallo. Tu le vedi e ti sposti.

Io divento matta. L'Unione europea ci fracassa l'anima sul diametro delle vongole, che non devono essere più piccole di 25 millimetri, e non possiamo usare le oliere nei ristoranti, non possiamo commerciare cetrioli più curvi di 10 centimetri e poi raddoppiano la quantità di merda tossica che esce dalle auto così? *D'emblée?* Sarà mica perché i laboratori di omologazione delle emissioni delle macchine sono finanziati dalle case automobilistiche? Sarà, guarda caso, per quello?!

Dicono che non ci sono ancora strumenti tecnici che possano misurare con precisione le emissioni. Ma se ci sono strumenti che misurano persino il peso dei protoni e degli elettroni, e non riescono a misurare le polveri? E poi comunque lo scoprite adesso? Dopo anni di euro 5, euro 6 e euro il cavolo, anni in cui ci avete convinto a cambiare le auto vecchie con quelle nuove che inquinano meno?! Fetenti! Sta' a vedere che adesso invece che incazzarci dobbiamo anche chiedere scusa a quelli della Volkswagen che truccavano i dati. E poi facciamo le giornate mondiali contro il cancro. Che vergogna.

La cacca degli astronauti

Parliamo dei ragazzi del Volo. Sai i tre tenorini, i fringuelli del bel canto, i passerotti del do di petto? Tutti carini, vestiti bene, con la faccia da putti di Raffaello... Be', pare che abbiano fatto un concerto nel Canton Ticino e per l'occasione abbiano sderenato le camere d'albergo. Le hanno distrutte. Letti disfatti, lenzuola a terra, asciugamani appallottolati, praticamente come mio figlio lascia camera sua tutti i giorni prima di andare a scuola.

Se è vero quello che è stato riportato, pare ci fossero anche pozze di pipì di fianco al water e cacca sui muri. La pipì se vuoi ci sta... è una cosa che voi uomini fate in giro comunque. Ma la cacca sui muri... chapeau. Si vede che a forza di "arie" poi qualcosa scappa. Ma che intestino hanno i tenori? Forse, a furia di allenare il diaframma, poi ti partono le scorie con la potenza del motore di un jet.

Il loro manager ha minimizzato, ha detto che nell'hotel c'era la moquette e loro la odiano, sono allergici. Ho capito, però non è che puoi distruggere un albergo perché ti fa schifo la moquette... Non è che su TripAdvisor ti scrivono: "Se c'è la moquette, sentitevi liberi di far pipì nel frigobar e di buttare il letto dal balcone" o "Camere con moquette. Il cliente che non gradisce può fare un falò di pigne nella suite o sfanculare il maître".

Poi queste sono cose che magari ti aspetti da qualche cantante maledetto, tipo Marilyn Manson, ma non da loro che cantano *Grande amore*... Adesso però il direttore dell'albergo ha detto che si è sbagliato. Che si è trattato di un episodio spiacevole, frutto probabilmente di "malintesi". Be' certo. Si vede che è "scappato" qualche "malinteso", cosa vuoi che ti dica. Posso dire? Un suggerimento pubblicitario. Ma prendeteli come testimonial del bifidus!

Comunque, tanto per rimanere in argomento, la scienza ha svelato una terribile verità sulle stelle cadenti, uno dei fenomeni più poetici, spettacolari, grandiosi e misteriosi della natura. Ebbene, pare che buona parte delle stelle cadenti sia cacca. Signorsì. Neanche degli dèi, proprio cacca umana. Nello specifico quella degli astronauti, che la fanno nella loro navicella da dove poi viene eiettata nello spazio. La suddetta arriva a contatto dell'atmosfera, si incendia e lascia la scia. Capito? Non sono stelle cadenti. *Seulement de la merde flambée.*

Pensa. Noi è da secoli che chiediamo alle stelle di esaudire i nostri desideri. Ecco perché non si realizzano mai! Perché esprimiamo un desiderio su una cagata... Diciamo che le stelle cadenti sono un po' meno di un meteorite e un po' più del meteorismo. Dicono che ogni astronauta ne produca 81 chili all'anno. E menomale che mangiano solo cibi liofilizzati... chissà se mangiassero la pasta con le cozze e l'abbacchio alla romana, che pioggia di fuoco, che missile, che Katiuscia!

Con l'astronauta sul water che grida: "Al mio segnale scatenate l'inferno!". Altro che le aurore boreali. Io non mi do pace. Pensa. Tu sei lì il 10 agosto seduta sul molo di Noli, abbracciata al tuo moroso, romanticismo a manetta, tutti e due sospirate languidi nel vedere quella piccola scia argentata nel cielo... e invece è la Cristoforetti che ha la colite! Capisci?

E poi. Sarà una domanda scema, ma la cacca, gli astronauti, la fanno tantissimo solo una volta all'anno, il 10 agosto, la notte delle stelle cadenti? Per undici mesi all'anno riso bollito, poi di colpo prugne?

La borsa gialla dell'Ikea

Sai che, quando vai all'Ikea, all'ingresso c'è quella bella borsona che ti puoi portare dietro e riempire di carabattole? È una borsa capientissima e gialla, robusta come la Camusso, e guarda caso ha il solito nome demente: *Frakta. Frak! Ta!* Che è esattamente il rumore della clavicola che si spezza mentre te la metti in spalla riempita con due comodini, 500 cannucce *Suka*, 27 candele *Sminkia*.

Comunque è un'ottima borsa, molto resistente, non come quello schifo di sacchetti in pelle di vescica di piede che ti danno adesso nei supermercati, che non reggono neanche un pacco di sottilette... Sono fatti di pellecchia, come la pelle che ti si stacca quando ti scotti al mare. Se metti un paio di meloni in quelle borse biodegradabili, dopo un secondo toccano terra come le balle dell'asino. E poi dicono che le donne sono sempre nervose. E ti credo!

Ma torniamo all'Ikea. Tu finisci la tua spesa, arrivi alla cassa e c'è un cartello con sopra fotografata una bella borsa blu e sotto la scritta: "Ti piace la borsa gialla? Acquistane una blu". La logica bruciante degli svedesi. Ma come "Ti piace la borsa gialla? Acquistane una blu"??? Se mi piace la borsa gialla la voglio gialla, non blu. È come appendere al muro un manifesto con la faccia di Alfano e scriverci: "Ti piace Russell Crowe?". E sotto: "E allora fidanzati con Angelino". Come se il salumiere ti dicesse: "Assaggi sto parmigiano di trenta mesi. Le piace? Perfetto. Le faccio sei etti di mortadella, allora". Ma ti pare? Dici che è perché così vedono chi le ruba? Uff... capirai, le galere svedesi sono piene di gente che ha fregato le borse gialle. C'è un mercato nero di borse gialle.

Nella vita tutto si può comprare. Oggetti, lavoro, indulgenza, persino la dignità, ma la borsa gialla dell'Ikea no. Se sei ricco puoi comprarti anche tutta la Borsa di Milano, compreso il dito medio di Cattelan, ma non il sacco giallo svedese. Nemmeno Briatore può comprarla, sia ben chiaro. Neanche la mafia russa. C'era un mafioso russo pieno di soldi che la voleva pagare al costo del caviale... nisba. Ha dovuto accontentarsi delle Louis Vuitton. Ha potuto comprarsi champagne, ostriche, Suv grandi come la Siberia, ma la borsa Ikea gialla no.

Che poi tu dici: va be', sarà stata una svista, questi di Ikea avranno avuto un momento di daltonismo passeggero. E invece no. Sono recidivi. Guarda qua. "Ti piace il carrellino giallo? Comprane uno blu". Ma capisci la follia? Sti svedesi sono belli da vedere ma completamente tuonati. Adesso capisco anche perché il Creatore, la Svezia, l'ha posizionata dov'è, perché quando ha visto come gli erano venuti gli svedesi, ha detto: "Questi io li metto fra il Polo e l'oceano, così, anche se sono tuonati, non contaminano gli altri...". Solo che il Creatore non sapeva che poi gli svedesi avrebbero inventato l'Ikea e avrebbero comprato il mondo... E se parte questa moda? Sul prossimo manifesto pubblicitario ci sarà un armadio e la scritta: "Ti piace questo armadio? E allora comprati sto divano!".

Sodoma, Gomorra e iPhone

A San Pietroburgo hanno messo un enorme iPhone in piazza per fare pubblicità alla Apple e il governo l'ha fatto rimuovere. E perché mai? Perché era in mezzo a un incrocio e ci sbattevano tutti contro? No. Perché c'avevano messo come sfondo una foto delle Pussy Riot? No.

Perché l'iPhone è simbolo di sodomia. Sodoma, Gomorra e iPhone. Non so voi, ma io non ho mai sentito nessuno che utilizzi l'iPhone come supposta. Lo puoi usare per fare tante cose: telefonare, scrivere, fare foto, video, ma raramente te lo metti... Il Calippo può essere un simbolo di sodomia, al limite, il würstel bavarese, l'anguilla di Comacchio, la salsiccia di Bra. Tutti presidi Slow Food tra l'altro. Ma non l'iPhone.

E infatti poi si è svelato il mistero. Recentemente il socio di Steve Jobs ha fatto coming out e ha detto che è gay. E quindi secondo i russi – per la proprietà transitiva – il telefono è gay.

Ma in Russia la vodka la tirano su dalle narici come lo spray nasale? Scusa, se il cugino di Cristoforo Colombo era gay rimuoviamo l'America dalle cartine geografiche? E Leonardo? Dicono che fosse omosessuale. Che facciamo? Diamo fuoco alla *Gioconda*?

Vladimiro, guarda che persino il tuo amico Berlu ha aperto ai gay: trovati una bella Pascale, una Pascalova che ti convinca e vivi tranquillo nella tua Dacia col cellulare al posto giusto. Insomma, non lasciarlo sul divano, che poi non si sa mai.

D'altronde, se danno gli ormoni a scuola per farli diventare così... Non lo sapevate che la scuola italiana vuole che tutti diventino gay e li dopa con gli ormoni? Vi spiego. Su un bollettino parrocchiale di Rivarolo, nella rubrica *L'angolo della riflessione* (pensa se non riflettevano...), una professoressa di Ivrea che fa parte delle "Sentinelle in piedi" ha detto che nelle scuole italiane si somministrano ormoni che ritardano la crescita perché così i bambini hanno più tempo per decidere se essere gay o etero. Praticamente la scuola orienta all'omosessualità senza che lo sappiano le famiglie.

Ah, tra l'altro. State bene attenti, è l'Onu che vuole che tutti i bimbi diventino gay... L'Onu! E la Nato, non vuole niente? Non vuole che si dia la vernice fosforescente alle balle dei gatti così di notte non li tiri sotto con la macchina? Ma cosa sta succedendo in Piemonte? Hanno riaperto la centrale di Trino? Stiamo respirando radioattività? E come si sarebbero organizzati quelli dell'Onu? Hanno convocato a Roma tutti i presidi d'Italia di nascosto dicendo loro: "Amici: l'Onu vi chiede di far diventare questi ragazzi più gay possibile. Li vogliamo più da bosco che da riviera. Impegniamoci tutti. Ecco, date loro queste pasticche. Sono mentine agli ormoni che farebbero diventare finocchio anche Mike Tyson. Infilategliele nelle polpette, come si fa coi vaccini per i cani".

Ma si può? Se in Italia non abbiamo neanche i soldi per la carta igienica, figurati per comprare gli ormoni... Cosa sta capitando nella nostra bella patria del camoscio e della valanga?

Andy con la barba

Scoramento massimo. Scoramento supremo, sommo e assoluto. Ho visto Andy Garcia con la barba nello spot dell'Amaro Averna. Non mi riprenderò mai più. Sembra Giuseppe Verdi. Una brutta copia di Vessicchio. Ma allora perché non hanno chiamato Vessicchio, che gli costava anche la metà? Così sto poveretto per portare a casa la pagnotta smetteva anche un po' di sventolare la bacchetta... Voi lo sapete quanto per me Vessicchio sia mitico. Ma lui è sempre stato così. Credo sia nato così. Già nella nursery era l'unico neonato con la barba... È questo, Beppe Vessicchio: una barba con un uomo attaccato.

Invece Andy no! Lui era un *Intoccabile*! Era il nipote di Michael Corleone! E adesso mi impersona don Salvatore, il fondatore dell'Averna?! E c'ha pure la panza! Mi fa uno onesto, capite? Un signore siciliano che ha una fabbrica da anni e fa i liquori famosi da un fracasso di tempo. No, non me lo dovevate fare. Lui, Arturo García Menéndez, fuggito a cinque anni dalla Cuba di Fidel su un motoscafo con il padre, uomo avventuroso e affascinante, lo ritroviamo a fermare un ragazzo che ha appena litigato con la fidanzata a tavola... Lo prende per un braccio, lo fa sedere, gli offre due dita di ammazzacaffè, l'amaro che si beve dopo il caffè oppure per riuscire a vedere la Gabanelli senza spararti un colpo subito dopo – ma per la Gabanelli devi berne ventotto, di Averna –, e gli dice: "Ma alla tua fidanzata hai per caso nascosto qualcosa?". Risposta del fighetto boccoloso: "No". E Andy: "Male, non dire mai tutto di te... Piccoli segreti, per scoprire sempre qualcosa di nuovo".

Eh, appunto, Andy. Cosa abbiamo ancora da scoprire di te? Niente! Che ti sei fatto crescere la barba perché ti è venuta la dermatite sul mento... Lasciatelo dire: con quella barba lì è più sexy Scalfari. Ma com'è che questi fichi spaziali quando vengono qua a fare le pubblicità perdono tutto il loro fascino? L'unico che regge ancora è Clooney... Tutti gli altri un disastro.

Persino Banderas al momento è stato soppiantato dalla gallina: il nuovo spot parte con il primo piano di Rosita! Come se avessero fatto una pubblicità con Ligabue e avessero inquadrato solo il microfono. Banderas è diventato una comparsa. Se girano un altro spot chiederanno a lui di fare l'uovo.

Io divento matta. Ma com'è che i nostri attori italiani non li chiamano mai in America? Perché noi non ne abbiamo di fighi? Scamarcio fa schifo agli americani? Possibile che non possano chiamarlo neanche per uno spot contro le pustole da rasatura? E Raoul Bova? Sarà mica brutto Raoul Bova! Quello più stagiona più è buono, è come la toma... E Alessandro Gassman? Che tutte le volte che lo vedo mi sale l'emoglobina di due o tre punti, tanto mi fa sangue? Che si prendano almeno Ale, lo portino a Las Vegas, lo mettano su un cavallo bianco e gli facciano dire che i muffin fanno godere moltissimo... Mi dimenticavo di Garko. "Il peccato e la vergogna"... Garko è un figo fotonico. Se lo fai stare zitto la sua porca figura te la fa.

Certo che le dive americane femmine sono più furbe. Una pubblicità dove una mugnaia parla con un fagiano la Kidman non la farà mai.

Accademia della Crusca...
e del Germe di Grano

Parliamo di donne. I responsabili dell'Accademia della Crusca – che non è un'associazione vegana che si occupa del transito intestinale, ma l'Istituto per la salvaguardia e lo studio della lingua italiana – dicono che c'è una discriminazione della donna nella lingua italiana.

La lingua italiana non rispetta la parità perché ci sono delle parole declinate al femminile e altre no. Per esempio: perché si dice magistrato e chirurgo, e non magistrata e chirurga? Posso rispondere con bel modo? Mi cascano un po' le balle. Anzi rettifico: "i balli". Perché "balle" è femminile e invece gli amici di Maria sono quanto di più tipicamente maschile mi venga in mente.

Ma entrando nel merito. O nella merita. Fa lo stesso. Be', intanto io credo che ci sia un motivo pratico. Fino a qualche anno fa le professioni dove non è in uso il femminile erano soprattutto maschili, mentre adesso le fanno anche le donne. C'è stato un cambiamento grosso nella società e piano piano cambierà anche la lingua. La nostra lingua è fichissima, mobile, ci fa stare dentro un sacco di roba, anche tante parole straniere, e piano piano ci metterà anche i femminili... come ha fatto con "sindaca" che è entrato nell'uso da quando c'è Virginia Raggi a Roma. Non mi farei venire tutta sta para. Non mettiamoci a contare i peli della spazzola.

Il punto per cui battersi è un altro, è che la signora che

fa il chirurgo non venga discriminata e sia pagata uguale ai colleghi maschi. Poi che la chiamino come cacchio vogliono, anche "facocero", va bene lo stesso... Io non credo che si debba agire sulla lingua per colmare le disuguaglianze. Le fatiche delle donne si risolvono in un altro modo. E poi certe parole al femminile ci suonano strane. Sembrano messe lì apposta.

Come sarebbe il femminile di rettore? Rettoressa? Rettora? Cioè, mi vuoi dire che tu rettore femmina stai meglio, ti senti più donna, se ti chiamano rettora? Che poi questo è anche un problema molto italiano, per esempio in inglese non esiste il genere, quindi *doctor* o *minister* sono uomini o donne nella più totale indifferenza. Non so in Francia come facciano, ma essendo gente pratica che decapita re e cambia la storia del mondo, non penso che si accapiglino su queste cose.

A me non me ne frega niente che mettano la versione femminile del mio mestiere. A me interessa che ci sia posto per me donna per fare quel mestiere. In Italia c'è un divario economico tra uomini e donne del 45 per cento. Che significa, in soldi, che se un maschio italiano ogni mese guadagna 1000 euro, una donna ne guadagna solo 550. Tutto questo per un pirillo.

Capito? Ma davvero vale così tanto? Ha lo stesso valore dell'oro, 34 euro al grammo. Un tubetto di carne in più fa così tanta differenza?! Nota, un tubo corto, perché l'asino, che ne ha ben ben di più, viene pagato ancora meno della donna. Io penso che sarebbe tanto bello lottare, e fare convegni, e incazzarsi, per la sostanza, non per la forma. Stesse possibilità di lavoro, stessi stipendi, e rispetto – invece che annullamento – delle differenze. Io che sono donna voglio essere rispettata perché sono diversa da te, non uguale a te. So che mi sono attirata le ire dell'Accademia della Crusca. Che però per parità di genere dovrebbe essere chiamata l'Accademia della Crusca e del Germe di Grano.

Menopausa: non pervenuta

Oggi parliamo di Annegret. Una bella signora tedesca non più di primissimo pelo, che all'età di sessantacinque anni è rimasta incinta di quattro gemelli grazie ovviamente all'inseminazione artificiale. Partiamo dall'inizio. I quattro futuri pupi non sarebbero i primi. La Cruccona ne ha già tredici. Diciamo che nel ramo figli è un'autorità indiscussa. Una papessa dell'utero ripieno. Dico solo che papà Frank, se lo sa, va a prenderla e la rinchiude in una conigliera. Tra l'altro l'ultima figlia è una bambina nata quando lei aveva cinquantasei anni, in modo assolutamente naturale. Per Annegret, menopausa non pervenuta. Mai una scalmana, mai una botta di nervoso, un malumore, un ciclo trimestrale seguito da uno settimanale, niente. Comunque uno dice: tredicesimo figlio naturale a cinquantasei anni, ok, può bastare. Chiudiamo la gelateria. Finita la festa gabbatu lu santu. E invece no. Cosa può aver spinto la magica Annegret a cercare per un anno e mezzo questa nuova gravidanza? Il seguente validissimo motivo: la figlia più piccola, di nove anni, le ha chiesto un fratellino.

Scusa, bambina, li vedi quei dodici pistola che girano per casa? Sono fratelli tuoi, lo sai? Non li hai notati? Non potevi farteli bastare? Eh ma lei lo voleva più piccolo... E prenderle un chihuahua? Una cocorita? Cicciobello? Non è che puoi dargliele tutte vinte, Annegret! Dille *Nein!* come fa la Merkel quando la Grecia le chiede un prestito.

No, scusa: se voleva un elefante, gliene compravi uno e lo mettevi in salotto? Se aveva voglia di una testata nucleare, telefonavi a Putin? Tra l'altro, vedi a volte il destino, Annegret si insemina e scopre di essere incinta di quattro bimbi. E infatti dice che quando ha avuto la notizia ha dovuto sedersi un attimo. Ma va'? Pensavo che fosse andata subito a sbronzarsi in birreria. A sparare i petardi contro il Muro di Berlino per festeggiare. Ma sai, Anne, che ti sta bene? Che se ti dicevano che erano otto ero ancora più contenta? Dice che non ha pensato neanche per un istante di eliminare alcuni degli embrioni. Be', qui la capisco. Dover anche scegliere quali embrioni far crescere e quali no mi sembra davvero straziante. Quindi bon, Annegret se li porta avanti tutti e quattro, e per ora tutto procede bene. Quando i suoi figli andranno in prima elementare, lei avrà settantun anni.

Per carità. Nessuno ha il diritto di giudicare la scelta di una gravidanza, che è la decisione più personale che una donna può prendere nella sua vita. Resta il fatto che a me fa ancora molta impressione sentire gente di cinquant'anni, sia donne che uomini, dire: "Un figlio? Ci sto pensando". E aspetta ancora un po'! Pensaci bene, perché sei ancora giovane, non vorrei che prendessi decisioni affrettate.

Sai cos'è? È che tutti vogliono godersi gli anni al massimo, senza impegni e responsabilità e poi, a una certa età, quando le notti in discoteca, le scalate sul K2 e i giri di lenzuola cominciano un po' a stufare, pronti via, facciamo un figlio. Come se allevare un bimbo fosse meno impegnativo che camminare senza calze sulle solfatare di Pozzuoli... Perché un conto è farlo, ma allevarlo? Chi è che ha poi l'energia e la pazienza di star dietro a un bambino a sessant'anni? E non da nonno, una volta ogni tanto: tutti i giorni.

Sai cosa ci vuole? Te lo dico io. Egoismo, incoscienza, più quell'altro fantastico ingrediente illusorio che nella vita ci fa sentire potentissimi e invincibili: la convinzione di essere immortali. Come canta Jovanotti.

Amando Amatrice

Ho appena visto alla TV l'ennesimo servizio sui ripetuti terremoti nel Centro Italia. Non so se capita anche a voi ma uno dei miei incubi più spaventevoli, diciamo quelli che faccio quando mangio il fritto la sera, è che non trovo più la mia casa. La cerco, la cerco disperatamente, ma niente, ed è un'angoscia infinita. Un distillato d'ansia purissima.

Se penso che questo dolore è diventato per molti una realtà mi manca il fiato. Perché la nostra casa siamo noi, le nostre radici, le nostre fondamenta, quello che ci tiene ancorati a terra. E se trema la terra tremiamo noi. E se la casa crolla, crolliamo noi. Andiamo giù in mille pezzi, ci sbricioliamo. Si sfarina il nostro perimetro, quello che ci sostiene e ci protegge. Cumuli di case e cumuli di avanzi di vita, questo è. È la tua storia che diventa maceria. Crollano il ricordo, la memoria, il presente e persino un'ipotesi di futuro. Certo. Perché io sono sicura che persino nell'elica bislacca e perfetta del nostro DNA ci siano tracce delle case che abbiamo abitato e che sono diventate pezzi di noi.

Io me le ricordo tutte, una per una. Il retro della latteria dove stavo da bambina, con quegli spifferi malefici che mi facevano venire la febbre un giorno sì e un altro pure. E poi quell'altra, ancora peggio, all'ultimo piano. Stava sul ballatoio con il cesso di fuori. "Di passaggio" dicevano i miei genitori, "non ci fermeremo per molto" dicevano, ma non ci credevano nemmeno loro. E poi la vita è stata generosa e la fatica tanta e finalmente una casa come si deve, con la cameretta tutta per me e pure un balcone dove tenerci i canarini. E poi la casa da single. Quanto l'ho amata? Tutta mia, ogni pezzetto voluto, desiderato, cercato. Lassù sui tetti, che quando c'era la neve sembrava di stare a bagno nell'orzata. E finalmente sono attraccata qui. In questa casa dove sto scrivendo a voi ora, piena di affetti, figli, cani, gatto, le piante sul terrazzo, i fichi e le pesche cresciute in vaso a forza di amore e passione.

Ecco, forse è questo. La casa è l'amore, rinchiuso tra quattro mura. E non è una roba che ti arriva con i soldi del Monopoli, Vicolo corto o Parco della Vittoria dipende dal culo che hai. No no. Te la sudi la casa, mattone per mattone, pietra per pietra, per questo ci sei così legato. Se poi, come nella fiaba dei tre porcellini, arriva un maledetto lupo che in una notte d'estate con il suo fiato malvagio te la butta giù, allora ti sembra che sia finita.

Se non la costruivi con la paglia era meglio, dicono ora gli esperti. Ma chi lo sa... forse doveva andare così. Solo che la casa è il luogo dove tornare e se non c'è più? Dove si torna noi poveri Ulissi sderenati dalla vita? Ecco. Per questo è importante ripartire. E ripartire subito. Anzi. Prima di subito. Ora. Adessissimo. Come canta il sommo poeta, non Dante, De Gregori: "C'era pianto e stridor di denti ma poi la porta fu spalancata e finalmente la banda passò a ripulire la strada".

Noi italiani, fratelli generosi che conoscono e riconoscono quell'orrore, siamo noi la banda chiamata a ripulire la strada, a far risuonare i paesi, a fare spazio, a ricostruire. Perché solo da lì, con un nuovo tetto, che non sia di lamiera, la vita può ripartire. Non c'è altro. "Telefono casa" ripeteva incessantemente ET. Il telefono ce l'abbiamo, ora ci manca la casa. Ripetiamolo incessantemente anche noi per far sì che il miracolo succeda.

Cercasi autunno disperatamente

Alé! Siamo solo a ottobre e sono già gonfia di germi. Ho la voce di Amanda Lear e il naso rubizzo di Mastro Ciliegia. D'altronde sono in buona compagnia, ci sarà almeno il 90 per cento degli italiani con il raffreddore. Eh certo. Sono calate le temperature di quindici gradi di botto. Siamo passati in un colpo da Caracas a Helsinki.

C'è gente che è entrata in mare per fare il bagno che era estate ed è uscita che era già autunno, con i gabbiani coperti di brina e omini a riva che cuocevano le caldarroste; gente uscita di casa la mattina in bermuda che la sera ha dovuto fare velocemente il cambio dell'armadio e tirare fuori i calzoni di vigogna. Un giorno cadono le foglie dagli alberi e il giorno dopo si riattaccano. Altro che le mezze stagioni, non ci sono neanche più le stagioni intere. Gli animali non sanno manco più quando andare in letargo. Le zanzare? Sono sparite di colpo, se sei fortunato ne trovi ancora qualcuna nell'acqua residua del bidè. Le marmotte sono tutte esaurite, ci sono orsi che invece del miele prendono lo Xanax, le uniche che si moltiplicano a nastro sono quelle bastarde di cimici che non servono a una mazza. Io ne avrò in casa un'ottantina che fanno il pellegrinaggio di Compostela. Avanti e indietro. Il mondo all'incontrario.

Poi in casa si gela. Per scaldarti devi rannicchiarti nel forno con le lasagne. Se ti punge vaghezza di guardare la TV sul divano devi metterti il giornale sotto la maglia come in moto. Che non ti venga mai in mente la mattina di appoggiare le chiappe nude sull'asse del water perché rischi lo choc anafilattico.

Io che vivo come la maggior parte dell'umanità in un condominio e non ho il riscaldamento autonomo, sono disperata e ammalata. Ma si può vivere così? A Torino il riscaldamento si accende a metà ottobre, a Roma a metà novembre. In ogni città una data diversa. Ma io dico, se non ci sono più le stagioni... a metà ottobre potrebbe fiorire il glicine oppure nevicare come sul Terminillo! E quindi sta caldaia accendiamola quando fa freddo e spegniamola quando fa caldo. Fine. Senza esagerare per non sfondare il buco nell'ozono. E che ci vuole? Tanto abbiamo pure le valvole... da quest'anno non siamo più svalvolati! Non che adesso in casa dobbiamo girare in colbacco come in Siberia e poi magari ad aprile stare con l'outift delle Bahamas, bikini e finestre spalancate. Il mondo del lavoro è diventato flessibile, che diventi flessibile anche la caldaia.

Certo che siamo un paese ben strano. Tu puoi evadere le tasse, parcheggiare il SUV sul marciapiede, costruire una villa abusiva in mezzo all'Arena di Verona... ma di accendere il riscaldamento in anticipo non se ne parla. Sai quali sono le uniche tre città che possono accendere a muzzo loro e non hanno nessuna limitazione? Cuneo, Belluno e Trento. Ora. Trento è a statuto speciale e va bene, Belluno è il capoluogo di provincia più freddo d'Italia e ha diritto... ma Cuneo? Cosa hanno a Cuneo per essere così fighi? Hanno già i cuneesi, quei cioccolatini con dentro il rum che scalda già di suo, non gli basta? Guarda. Fortuna che alla fine, daje e daje, il riscaldamento l'hanno acceso. Se no io quasi quasi mi trasferivo a Cuneo.

Saratopa

Che succede se d'estate ci tocca restare in città e per sbaglio accendiamo la TV? Per fortuna ad allietarci torna puntuale ogni anno Giovanna. Brava Giovanna, brava! Quella dello spot del Saratoga. Giovanna la topona che spennella. La Saratopa. L'avevamo lasciata in minigonna che verniciava un'enorme gabbia di gorilla della Namibia in un giardino di Carugate, sotto lo sguardo porcino di una specie di pappone che sfregandosi il labbro con il pollice le faceva i complimenti. Ora invece il garga è sparito ma si sente la sua voce che arriva dall'interno della villa (forse è in bagno), che dice: "È tornata Giovanna?". A questo punto una signora molto figa, col giro di perle e l'aria da pirla, credo la cugina di quella che anni fa voleva il Ferrero Rocher dal suo autista Ambrogio ("Ambrogio? Avverto un certo languorino... ma non è proprio fame la mia... è piuttosto voglia di qualcosa di buono..." E tutta Italia tifava perché lui glielo desse sul sedile posteriore, questo qualcosa di buono...), risponde: "Sta verniciando"... Stacco. E si vede Giovanna in shorts giroculo e canotta tettuta che vernicia di verde un cancello.

Ora. Perché una così la mettano a dipingere il cancello è veramente un mistero. Tra l'altro col capello sciolto e cotonatissimo che basta una bava di vento e ti si appiccica al Fernovus, un antiruggine super potente. Che se te ne infarlecchi una pennellata ti fondi come nelle acciaierie Limone. Ti si stacca un ginocchio. Ma poi non è credibile: a verniciare un cancello ti fai un mazzo così, alla fine sei abbrutito, sembri Crosetto dopo un trasloco o Nibali sulla salita dello Stelvio... Sei lercia, storta, non vedi l'ora di sgrassarti col solvente e buttarti sotto la doccia, e lei invece? Grace Kelly. Cameron Diaz alla serata degli Oscar. Non una sola goccia di sudore, sembra Emanuele Filiberto che non ha mai lavorato in vita sua, però con le chiappe in titanio e le tette di ghisa rivestite di tre strati di flatting. Un fisico che sembra abbia smesso ieri di fare il bunga bunga.

Ma se davvero gli imbianchini fossero come Giovanna, sai quanti uomini si farebbero rifare la casa? "Cara, ma hai notato che i termosifoni sono un po' scrostati? Chiama un po' quella Giovanna, che le facciamo ritinteggiare anche le ringhiere dei balconi... chiama Giovanna che è brava e le facciamo imbiancare le gronde e già che viene le facciamo dare una mano di cementite ai nani da giardino..." E *fraaaan!* arriva Miss Mondo.

Certo, perché voi uomini avete la fissa del pennello, ma non per passare l'antiruggine. E infatti, vicino a Giovanna che ci dà sotto con la pennellessa c'è un tipo in canottiera che la guarda e dagli occhi si capisce che vorrebbe scartavetrarsela per bene e poi darle una prima e una seconda mano. Però la mia domanda è un'altra. Un pensiero che non ci dormo la notte. Perché è "brava" Giovanna?! Come imbianchina no, perché oltre a non essere in regola con l'antinfortunistica spennella con la grinta di Heidi quando carezzava gli agnellini. È brava perché ha scelto un bel punto di verde? Verde felpa di Salvini? È brava perché ha passato la vita a verniciare cancelli in mutande e a stuccare docce nuda? Ma persino le Olgettine hanno fatto qualcosa in più! Capisci che una così non puoi neanche candidarla in Regione?

Il bancomat intestinale

Mi sgorga dal cuore una richiesta accorata. La vogliamo smettere di fare telefoni sempre più intelligenti, visto che noi siamo sempre più cretini? Io non ne posso più. In ogni momento questi strabenedetti cellulari hanno un aggiornamento da fare. Tu lo fai e improvvisamente ti si spana il telefono e non funziona più. Con lo smartphone passi il tempo a fare gli aggiornamenti e in mezzo se capita riesci a fare anche qualche telefonata.

Ma io dico. Se compro una lavatrice, la lavatrice lava. Fa quello. La carichi, la scarichi e per vent'anni lava. Senza rompere le balle. Non la devi aggiornare. La lavatrice, che è una signora, non è che mi chiede di allargarle la centrifuga, di smanettarle i tasti e di lucidarle l'oblò. Lei lava zitta e muta e al massimo sculetta quando parte il risciacquo. E allora perché io devo avere invece un telefono, uno, consentitemi il motto, scassapalle continuo che vuole gli aggiornamenti?

Sai cosa vorrei aggiornare? Il marito. Renderlo un po' più veloce, che ci mette tre ore a caricare il bagagliaio della macchina. O fargli l'aggiornamento dei tatuaggi... Loro a vent'anni si fanno tatuare Che Guevara sulla schiena, ma poi a cinquantadue sembra Umberto Smaila. Gli metterei anche qualche App. Un'applicazione che se guarda le gambe delle altre sotto il tavolo prende la scossa.

Ma non basta. Sono in arrivo anche novità tecnologiche pazzeschissime. I tecnici di PayPal, la società di pagamento online, stanno lavorando su un nuovo metodo di pagamento senza tessere e password. Invece di bande magnetiche e codici, tu inghiottisci una pillola e da allora sei un bancomat vivente. Sta benedetta pasticca ti identifica e comunica alla PayPal che sei veramente tu e non tuo cugino che t'ha fregato la Visa... Tu mandi giù la pillola e poi non so, probabilmente strusci la pancia contro la macchinetta della carta di credito e paghi. Sono avvantaggiate quelle che fanno lap dance, tirano su la gamba, si arruvugliano intorno alla cassa e via...

Però c'è un problema. E se sbagli pastiglia? Se la mattina prendi il bancomat invece del Prostatin per la prostata? Poi vai, per dire, a far pipì in un bar e ti svuoti la carta di credito?

Oppure vai dal medico di base che ti dice: "... Eh no, signora, il Bonifax per l'osteoporosi della menopausa non glielo posso prescrivere perché contrasta col PayPal...". "Non sapevo, grazie dottore, quanto le devo?" "Oh... passi pure il gomito sotto la mia ascella, fanno tutto loro."

Ma ci pensate? Certo, anche mandarle giù ste pastiglie non sarà mica tanto facile. Magari ci pensa la banca. Tu vai lì allo sportello, l'impiegato ti mette la pastiglia dentro il boccone di carne cruda come si fa con i cani, ti apre le fauci, te le tiene spalancate e te la fa inghiottire lui. Però, metti che hai problemi di colite, basta una capatina in bagno e ciao. Fine della PayPal. Ma dimmi te. Ci manca il bancomat interno. Chissà se con un clistere speciale uno riesce anche a fare un prelievo.

Dalla "a" di Adele alla "zeta" di Zoe

Finalmente una buona notizia. La Francy si è fatta un tatuaggio. La Pascalina sette bellezze, la Francesca Pascale, la fidanzata di Berlu. Per festeggiare l'assoluzione del suo boy si è tatuata il polso. E cosa si è fatta? Un fagiolino? Il PIN del bancomat? No, ma quasi. S'è scritta "Silvio".

Be', una dichiarazione d'amore a tutti gli effetti. Il vostro boy, per dire, si tatuerebbe il vostro nome sul polso? Figurati. I nostri mufloni non reggono il dolore. Al primo puntino di inchiostro chiamano la polizia. Comunque io lo trovo un bel gesto d'amore. Che spero almeno abbia fatto solo lei... Pensa se tutte le donne che sono state con Berlu si fossero fatte tatuare il suo nome. Ci sarebbe una mandria di capi marchiati, come nelle transumanze... tutte tatuate "Made in Silvio", fatte da Silvio. E non voglio pensare dove. Non credo sul polso, che è l'unico posto dove Berlu non se ne sarebbe mai accorto.

Invece lei se lo è fatto tatuare lì, proprio sul polso, così se si scorda il nome fa finta di guardare che ore sono. Da adesso in poi ogni volta che avviterà una lampadina penserà a lui. Anche nel traffico, magari sai, a volte può scappare il gesto dell'ombrello... "Toh! Amore!"

Adesso va tanto di moda scriversi addosso il nome del fidanzato. Una volta si scriveva "t'amo" sulla sabbia, adesso sulle carni tremule. Solo che poi è un casino quando ti molli. Eh certo. Le storie d'amore oggi durano una stagione, come le espadrillas, e dopo ti trovi nei guai. Perché c'hai tatuato magari "Lucilla" e poi stai con Consuelo. O hai scritto "Gilberto" e stai con Pinuccio. E non è che il tatuaggio te lo puoi grattare via da solo con la paglietta delle pentole, ci vuole la laserterapia: praticamente devi andare da Dart Fener, che te lo leva con la spada laser gridando "Che la Forza sia con te"...

L'unica cosa che puoi provare a fare è modificare. Per niente facile neanche quello. Chiara può diventare Clara, Lino può diventare Pino, ma se quella di prima si chiamava Maria Giovanna Milvia, a parte che con una con un nome così non ti dovevi neanche fidanzare, e quella dopo si chiama Pia, la vedo dura. Se prima stavi con Leo e dopo ti metti con Adalberto Maria puoi spararti.

Un trucco potrebbe essere questo. Per i maschi. Ditemi se non sono una genia del male. Tu maschione devi farti smitragliare sulle braccia tutti nomi di donne: dalla "a" di Adele alla "zeta" di Zoe. E poi ogni volta che ti fidanzi con una la fai barrare con una riga dal tatuatore. Vai per sottrazione, capisci? Così nelle braccia tieni tutti i tuoi trofei di caccia. Nel caso della Pascale, poi, oltretutto la scritta è bella grossa, sembra un tabellone elettronico dell'autostrada. Di più vistoso restavano solo i cerchi nel grano e la muraglia cinese vista dal satellite. Non se lo sarà neanche fatto fare da un tatuatore, ma da uno di quelli che verniciano le strisce pedonali. Quindi secondo me la Pascalona ha poche possibilità. O mettersi con un altro Silvio... tipo Silvio Muccino o Silvio Orlando, oppure al massimo farlo modificare in "Silvan" e mettersi col mago.

Consiglio per tutti. Invece di farvi tatuare il nome del vostro amato o della vostra amata, fatevi furbi. Stampatevi sulle carni il nomignolo che vi date nell'intimità: passerotto, pelaverga, cippa-lippa, pimpirello, fricandò. L'importante è che il nomignolo scelto sia usato poi per tutti quelli che vengono dopo. Vi piace come idea?

Il materasso in marmo di Carrara

Si è sposato l'erede al trono del sultano del Brunei. E dove sta il Brunei? Partiamo dall'inizio. Il Brunei non è il paese dei Bruni Vespa ma un'enorme distesa di petrolio con un po' di terra sopra che sta nell'isola del Borneo, Sudest asiatico, e confina con la Malesia, quella dei pirati.

Nel Brunei comanda il sultano che passa le giornate a non fare un tubo di niente se non a pensare a cosa si può comprare con tutti quei soldi che ha. Gli abitanti del Brunei, i brunetti, sono piccolini e tutti felici perché la benzina scorre a fiumi e il pieno costa meno di un pacchetto di Vigorsol. Bene. Questo giovane sultano di trentun anni si è sposato una ragazza di ventidue, un'uvetta sultanina che si chiama, segnatevi: Dayangku Raabi'atul Adawiyyah Pengiran Haji Bolkiah.

Lui chiedetemi come si chiama? Abdul. Bon. Non sembrerebbero fatti l'uno per l'altra. Così, a naso... Pensa che carta d'identità deve avere sta poveretta, la tiene a tubo come un rotolo di tappezzeria. Comunque. La festa di nozze è durata undici giorni, e l'hanno fatta a casa di lui. Casa. Minchia. È un isolato. L'area dell'Expo. La fontana dei pesci rossi è grossa come il Lago d'Orta. In casa sua ci sono la bellezza di 1788 stanze. Pensa solo quando devi dare il bianco o lavare le tende. Se dimentichi il telefono in una stanza devi chiamare la Sciarelli a "Chi l'ha visto?" perché te lo ritro-

vi. Volete sapere quanti erano gli invitati? 6000. Lo scrivo in lettere per essere più chiara: sei-mi-la.

A me viene già male quando ne ho otto. Con otto invitati la mia cucina diventa una *panic room*. Pensa seimila invitati, per undici giorni, in 1788 stanze. Io l'inferno me lo immagino così. Ma la cosa più pazzesca è come erano vestiti gli sposi. Abiti pregiatissimi tutti in tessuto d'oro crivellato di pietre preziose. Lei aveva le scarpe foderate di diamanti. Un paio di Louboutin che valevano quanto tutto il pacchetto azionario di Della Valle. Una scarpa sola bastava a risanare il PIL della Grecia intera, credo.

Pare che le mutande di lei fossero in polpa di aragosta e che uscendo dalla chiesa, invece del riso, i parenti tirassero il caviale. Pensa se ti invitano a un matrimonio così... cosa gli devi regalare? Non basta il solito vassoio di silver plate, ci vuole minimo minimo il Duomo di Milano. La Sardegna. Saturno.

Un altro pezzo forte della cerimonia è stato il bouquet di fiori: non erano fiori veri, ma un mazzolino di fili d'oro, rubini, zaffiri e smeraldi. Mi immagino quando l'hanno tirato. Tanta commozione, soprattutto cerebrale. Avranno sfregiato le invitate. Guarda che se ti arriva un mazzo di diamanti in testa ti offende i neuroni per sempre.

E per finire, parliamo della faccia di sti due poveretti. Andate a vedervi le foto: l'immagine della tristezza. La mestizia più sconfinata. Grande stanchezza, anche... forse non vedevano l'ora di buttarsi su un materasso di marmo di Carrara. Perché di sicuro, se i fiori erano di diamanti, il materasso sarà stato di marmo e le coperte due tele del Mantegna. Dormi da Dio, proprio. Secondo me hanno passato la notte a cercare di aprirsi i vestiti d'oro a vicenda con l'apriscatole.

Fatti dare uno strappo

C'è un'interessante novità per voi uomini. Voi belle bignole dell'amore, voi sugna pesante delle nostre giornate, voi artisti del nulla e artigiani del niente. I magici ricercatori di un'università californiana hanno fatto una scoperta che cambierà la vita del maschio dominante: un modo per far ricrescere i capelli ai calvi. Roba ai confini della realtà. Come pensare di farmi diventare figa o farmi diventare furba.

Questi testoni californiani hanno scoperto che, se sei un caso di chioma irreversibile, un diversamente peloso, tipo Mieli, che ti posso dire, Sallusti, Farinetti, Signorini, Bondi, Passera, Alfano... insomma se appartieni alla banda dei calvi, ma quei pochi capelli che hai te li strappi, te ne ricrescono molti di più. Perché le cellule dei follicoli dei capelli strappati secernono "molecole segnale" che stimolano la produzione di nuovi capelli. In pratica se ne tiri via uno, ne escono altri. Un'azione e reazione. È come se tu tirassi un calcio in culo a un camionista, e lui te ne ficcasse diciotto. O come i fazzoletti Kleenex. Che tiri e ne esce sempre uno nuovo. *Tric, trac, tric, trac.*

Ma te li devi strappare, però, attenzione, con pianto e stridor di denti, in prossimità delle zone pelate. Questo provoca uno choc tale da farli ricrescere dove non li hai. Per contagio, diciamo. L'importante è che devi tirare a freddo come quando cerchi di far partire il tagliaerba... Un colpo secco. Ma la domanda è: quelli che sono proprio pelatoni, tipo Galliani, dove li trovano i capelli "in prossimità"? Cosa si strappano? Le basette? I baffi? E se poi ti crescono solo i baffi? Tipo tricheco? O ti vengono due basette grosse come gli oleandri negli spartitraffico dell'Aurelia?

Dicono che si chiama "strappo selettivo" e che lo hanno sperimentato sui topi. Ecco, allora siamo sicuri. No, perché tu hai mai visto un topo calvo? Con la chierica, col riportino come Schifani qualche anno fa? Hai mai visto un ratto con la riga in mezzo come Donatella Versace? Immagina gli scienziati tutti lì a convincere il topo a strapparsi i peli. "Tira forte, Mickey Mouse!"

Io capirei ancora ancora i topi per uno studio sulle proprietà terapeutiche della toma di Lanzo, ma non sulla calvizie! È come testare le fialette puzzolenti sulle puzzole. Difficile capire... o anche, provare i lassativi sui piccioni. Quelli defecano di gran lena per conto loro, come controlli se ne fanno di più?

Ora, il problema è: chi te li deve strappare questi capelli? Siamo obiettivi: uno calvo non ce la fa a strapparsi i capelli da solo. Abbi pazienza. Ne ha cinque. Se se ne strappa tre, per dire, si ammazza. Forse nascerà una nuova figura professionale. Oltre al coiffeur, lo *strappeur*. Alla spagnola "i rancadores", i tirapluc? Sentiremo poi i maschi dire: "Oreste, tu da chi vai a farteli strappare?". "Da René. È bravissimo. Te li strappa con le pinze da elettricista e prima di andar via ti ficca anche un dito nell'occhio per allungarti le ciglia."

Quindi per i calvi, amici, è un po' come per quelli che sono senza macchina. L'unica soluzione è farsi dare uno strappo.

Loculizziamoci tutti

Disastro. In America hanno il problema del *Butt Dial*. Un drammone che riguarda le forze dell'ordine e sul quale non si sa tanto come intervenire.

Che cos'è il *Butt Dial*? Allora. *Butt* sta per *bottom* che in inglese vuol dire... non mi fate dire. *Dial* è chiamata. Messi insieme vogliono dire "telefonata col culo". Vi spiego, prima che la mia indole fragile ceda al delirio. In America sono aumentate del 20 per cento le telefonate involontarie alle forze dell'ordine, al 911 che sarebbe il nostro 112.

In pratica la polizia si becca continuamente delle chiamate che però sono fatte per sbaglio, perché la gente, soprattutto voi maschi, ha l'abitudine di infilare il cellulare nella tasca dietro dei pantaloni, poi vi sedete e chiamate con la chiappa. Quindi non sono aumentati i crimini ma solo le telefonate. Prendiamolo come un dato positivo.

Va detto che dipende anche dal panettone che hai. I maschi che al posto del sedere hanno il parco del Serengeti fanno pochi danni, ma già uno come Platinette basta che si appoggi su una sedia a dondolo e in mezzo secondo riesce a chiamare carabinieri, polizia, vigili del fuoco, finanza, forestale e guardie carcerarie. La Marini o Kim Kardashian, che hanno un rimorchio che ci vuole la targa, telefonano anche ai reparti speciali. Alla fine arrivano i RIS di Parma con la tuta bianca.

Insomma in America va così. Solo che è un casino. Si intasano i centralini. Il problema qual è? Che i poliziotti americani rispondono come di protocollo e ovviamente sentono solo *fritt fritt frutt frutt* e non capiscono se è il rumore di uno a cui i malviventi stanno tirando il collo e che non riesce più a parlare, o se invece è uno che sedendosi a Central Park dopo una bella corsa ristoratrice ha fatto il numero per sbaglio.

Questo quando gli va bene. Perché potrebbero sentire anche un *prot prot* sonoramente definito e sarebbe ancora peggio. Per cui devono subito risalire al cellulare che ha effettuato la chiamata e verificare. Come si dice quando tu devi trovare da dove chiama uno? Localizzare, no? Ecco, solo che in quel caso è più giusto dire "loculizzare". Il cellulare va loculizzato. Dalla radice "lo culo". Io loculizzo, tu loculizzi, ecc.

Bestiale però. Per usare uno smartphone devi fare dei corsi. Con il touchscreen, se tocchi la lettera o la cifra troppo velocemente, se non strisci bene il polpastrello, se non ruoti bene il polso, il telefono non funziona. Con il sedere invece fai di tutto. Guarda che roba. Io suggerisco una cosa, non così difficile: evitare di mettere il cellulare nella tasca posteriore dei pantaloni. I maschietti dovrebbero sistemarlo in una di quelle davanti... se poi riescono a far partire la telefonata al 911 col walter, altro che multa... ci vogliono i complimenti. Le poliziotte in servizio fanno partire la ola.

Mai avrei pensato. Per il nostro *bottom* comporre un numero a vanvera è un attimo. Secondo me lo sottovalutiamo. C'è più abilità e intelligenza in quella meringa senza crema che in tutto il resto di noi. Ultima considerazione. Va bene che noi non stiamo attenti, ma non sarà anche che i display dei cellulari sono fatti col culo?

Caporalato 2.0

Parliamo di lavoro. Lavoro vero, non come il nostro.
 È scoppiato un gran polemicone per Foodora. "Food" "ora". Cibo adesso. Una nuova start up molto figa grazie alla quale, tramite una app del cellulare, puoi ordinare un piatto a caso di un ristorante che ti piace e dopo pochi minuti ti arriva a casa un ragazzo, un corriere con la bici che te lo consegna. Tipo pizza. E puoi scegliere tra tutti i ristoranti che sono affiliati alla app. Vedi questi disgraziati, che si fanno un mazzo così pedalando sotto la pioggia, la neve, in mezzo alle polveri sottili, schivando le cacche di cane con coraggio e dedizione solo per portarti da mangiare. E di solito sono studenti, ragazzi giovani che lo fanno per tirare su due soldi. Ecco, veniamo al punto. Sai quanto prendono per questo lavoro? La bellezza di 2,70 euro a consegna. Ma in un'ora puoi anche farne una sola di consegna! Ma come nemmeno tre euro a consegna!? Ma se tre euro il ristorante te li chiede solo per il coperto! E in più devono mettere loro la bici, e anche il telefono, che se per sfiga gli cade, per rifarsi del danno devono portare sei quintali di gnocchi alla bava fino a Trieste. E quindi alcuni hanno protestato e sai cosa è successo? Che li hanno licenziati. E come? Li hanno tolti dal gruppo su WhatsApp.
 Pensa che contratti hanno, se li licenziano tramite

WhatsApp. Ma capisci? Questo è il nuovo caporalato 2.0. Sfruttamento bello e buono.

E gli amministratori sai come si sono giustificati? Hanno detto che consegnare il cibo, secondo loro, non deve essere visto come un modo per "sbarcare il lunario" ma come "un'opportunità per chi ama andare in bici, guadagnando anche un piccolo stipendio". Verrebbe da rispondere: "Fate così, andate a cagare: non è una parolaccia, è un'opportunità per chi ama fare del moto!"... Se consegnare il roast beef a cinque chilometri di distanza non è un lavoro ma una passeggiata di salute, allora uno non si iscrive più in palestra, va a portare in giro gli spaghetti al nero di seppia e risolve il problema.

A quelli che amano fare canottaggio invece mettiamo una bella rete attaccata al piede, così mentre attraversano il Po fanno anche la pesca a strascico per il sushi fresco. Oppure potrebbero assumerli direttamente i ristoranti. Ma non come camerieri. Come portaombrelli quando piove... Il cliente entra, il cameriere si piega a novanta e... *traan!* gli infila l'ombrello nell'apposita cassettiera. E a quel punto gli amministratori potrebbero dire che "non è un modo per sbarcare il lunario, ma un sistema per vivere nuove esperienze".

Facciamo tanto casino, giustamente, con il contratto per i lavoratori e poi? Questi cosa sono, figli della serva? Non è che se si lavora per una start up e si è giovani si può fare a meno delle regole. Allora è il Far West. Questi ragazzi, mettiamocelo nella capoccia, non lavorano per hobby, non è che di pomeriggio si dicano: "Che giornata di fanga... non vedo l'ora che finisca così vado a consegnare un po' di involtini primavera e mi rilasso". Ecco, no. Lo fanno per guadagnare qualcosa. E quindi devono essere rispettati.

E mi scivoli sull'extravergine?

Partito l'ennesimo polemicone. Questa volta sull'olio extravergine d'oliva che tanto extravergine non era, pare. Dico "pare" perché se no mi querelano anche le olive, anche le mosche, delle olive. Pare che l'olio extravergine di certe marche non fosse vergine, ma olio d'oliva e basta. C'è da dire che un'azienda che produce olio è quasi normale che "scivoli" su qualche dettaglio.

Ma che cosa significa concretamente? No perché non si sa bene di cosa si stia parlando. Dunque. Mi sono informata, ho letto molto e ho finalmente capito. La similitudine che ora farò serve per comprendere con chiarezza e farmi fare bene il mio lavoro di minchiona. La classificazione degli oli, ve la semplifico un po', è la seguente: olio extravergine di oliva; olio di oliva vergine; olio di oliva raffinato; olio d'oliva greggio; olio di sansa.

Bene. Allora. Seguitemi con attenzione. L'olio extravergine è come se fosse una signorina illibata che non ha mai visto un walter se non in foto. Giovane, prestante ma ancora intatta. Integra. Ma basta anche solo un... batter d'ali, un ciupino piccolo piccolo, uno e non di più, e non è più extra. Ok?

Poi c'è l'olio di oliva vergine. Che qualcosa ha fatto. Anche magari solo una volta. Giusto un pour parler. Però non è più in garanzia. Poi c'è l'olio di oliva "raffinato". Che ha già dato, ma con moderazione, compostezza e oculatezza. "Raffinatamente" perché ha anche dei bei modi. Poi c'è, e scendiamo in classifica, l'olio d'oliva greggio. Che sarebbe come una che la dà via *sans frontières*, proprio come se non ci fosse un domani, del tipo "'namo, bello..." quelle robe lì. E poi c'è l'olio di sansa che, diciamo, è un olio che ha subito tante, tante, tante spremiture. Tipo le Olgettine.

Ecco spiegato con parole semplici l'olio. Adesso poi si indagherà e un giorno sapremo se abbiamo speso i nostri soldi, e tanti, per un olio che l'ha già data via o se è ancora più che vergine, cioè extravergine. Ma il punto è un altro. Che di questa truffa si sono accorti una rivista sui consumi e quell'altro sfinimento di Guariniello che se non ci fosse bisognerebbe inventarlo. Ma io dico: non ci dovrebbero essere organi di sorveglianza preposti che fanno analisi continuamente?

Al supermercato devo essere sicura di quello che compro. Altrimenti è un casino. Se no non mi fido più di niente. Non è che posso mettermi il cellulare di Guariniello in rubrica e chiamarlo ogni volta che faccio la spesa: "Raffaele, scusa, ma dentro la marmellata di mirtilli ci sono veramente i mirtilli o sono mosche mescolate alla colla di pesce?". "Raffy, scusa, ma se compro la pasta d'acciughe dentro ci sono veramente le acciughe?!" "Guary? Il prosciutto cotto nella busta è veramente cotto o solo sbollentato? E la polpa di granchio sarà veramente polpa, e sarà veramente granchio?" E soprattutto, la domanda delle domande: "Raffaele? Scusa ancora. Come mai le nespole hanno quattro noccioli quando ne basterebbe uno?". Capisci? Ma questa non è mica vita! Io non sono più sicura di niente, guarda. Neppure che dentro Guariniello ci sia veramente lui. Tra l'altro adesso si è anche dimesso. Addio.

Rat-friendly

Parlapà. In America un gruppo di scienziati della Columbia University ha fatto una scoperta sensazionale. Questi cervelloni stavano studiando una cura per l'artrite reumatoide sperimentando la molecola sui topi, e improvvisamente, una mattina... serendipity.

Uno dei ricercatori entra nel laboratorio che ospita la gabbietta con il topo e dentro chi ci trova? Piero Pelù. Al topo erano cresciuti dei peli lunghissimi. Fittissimi e foltissimi. Un altro sembrava Giovanni Allevi. Tutto riccio. Così gli scienziati iniettano la molecola ad altri sorci che diventano uno Cocciante e l'altro Caparezza. E capiscono di aver fatto bingo perché invece di trovare una cura per l'artrite ne hanno trovata una per la calvizie. Certo, per ora ha fatto effetto solo sui topi... sugli uomini chissà.

E poi i *ricercateur* hanno scoperto un'altra cosa. Che i bulbi dei capelli caduti non sono morti. Dormono, come la principessa Aurora, e aspettano solo il bacio del Principe azzurro per risvegliarsi. I bulbi stanno lì, come i tulipani sotto terra, e se stimolati rifioriscono. Ma capisci? Nella testa di un Galliani c'è nascosto un Batistuta. Un Ibrahimovic. Nella testa di Giuliano dei Negramaro si nasconde un Branduardi.

Certo che le scoperte più fighe sono fatte tutte per caso... a muzzo. A botta de culos. Anche il Viagra l'hanno scoperto sbagliando: studiavano cure per l'angina e invece hanno trovato quella per la vagina... Chissà quante volte sarà successo e quante volte non ce ne siamo accorti! Magari i ricercatori hanno testato un prodotto che doveva servire per fluidificare il sangue, poi non ha funzionato e lo hanno buttato via, mentre se lo avessero fuso in supposte avrebbe fatto passare l'osteoporosi del femore... Certo, se metti una supposta delle nostre a un ratto lo farcisci, però il dubbio rimane.

In tutto questo c'è comunque un grazie che vorrei dire. Un grazie di cuore. A quella categoria di esseri viventi su cui, ormai si è capito, si fonda la nostra società. I topi. Questi eroi sconosciuti. Secondo me dovrebbero assegnare il Nobel ai topi o almeno dedicargli una via. Una statua nelle più importanti università del mondo. Io vorrei dire, a nome di tutti, un sentito grazie di cuore ai topi. Questi nostri piccoli amici confinati nelle discariche, che spesso disprezziamo.

È vero che a Roma siamo arrivati a quota ben 20,8 milioni. Venti milioni, quasi ventuno! Nella caput mundi ci sono otto topi per ogni abitante... quando si dice il benessere! Ogni romano appena nasce ha un budget personale di otto topi. Eh certo. A forza di dire che le strade di Roma sono delle gruviere piene di buchi, alla fine sono arrivati sorci da tutte le parti.

Parigi, patria di Ratatouille, ne ha 4 milioni e mezzo. Noi, ratti delle Sabine, quasi ventuno! Tra l'altro, conoscendo gli elementi, più ne hai e più ne avrai. Perché un topo femmina è in grado di procreare ogni ventun giorni e i cuccioli si riproducono a loro volta dopo quaranta giorni. Insomma, i topi, a quanto pare, sono gli unici mammiferi più prolifici della Hunziker! E tutto questo capita, secondo me, perché stando al buio nelle fogne tutto il giorno, senza la TV, non puoi far altro che ciupare. Mangi e ciupi. Chiamali scemi... E quindi da una sola coppia in un anno possono nascere la bellezza di 1500 topi. Altro che la famiglia tradizionale... eccola qua, la rat child adoption. Guarda che poi è un casino. Noi ridiamo ma questa è emergenza vera...

Comunque, per un attimo voglio essere topofila e rat-friendly.

Ciao, topo. E grazie a nome di tutta l'umanità. Fino ad oggi l'uomo ha sempre e solo ringraziato la topa. E invece un grande abbraccio lo meriti anche tu. E grazie anche a te, zoccolona mia (perché ci sono anche le femmine, non dimentichiamolo) che con il tuo sacrificio contribuisci a scoprire rimedi che salvano l'uomo e lo preservano dalle malattie. Noi umani abbiamo bisogno di voi.

Godzilla Pio

Grande dibattito in Cilento. In un paese che si chiama Ogliastro e ha circa duemila abitanti, il sindaco ha avuto una brillante idea: commissionare una statua di Padre Pio. Giusto. Un santo che amano tutti gli italiani. Mio padre è un fan, ce l'ha appiccicato da tutte le parti, anche sul frigo, ed è super devoto. A questo punto uno direbbe: ma dove sta la notizia? Sta nel fatto che la statua che vogliono erigere dovrebbe essere alta 85 metri. Praticamente Mazinga. Un Padrepione enorme, un palazzo di trenta piani a forma di frate.

Guarda che 85 metri sono tanti. È metà della Mole Antonelliana. Ti dico solo che il Cristo di Rio de Janeiro, che è già bello grande, è alto 38 metri. Con 85 metri, se gli piazzano un ripetitore sulla testa prendono Sky senza abbonamento in tutta la Campania. Oltretutto c'è il rischio che gli aerei non lo vedano e che gli picchino dentro, per cui saranno obbligati a mettergli un lampeggiante in fronte! Sembrerà Polifemo che tira i macigni a Ulisse. Comunque, per adesso, di questa opera spropositata esiste solo il modellino, che peraltro già lui è costato 8000 euro, donati da un fedele pasticcere. E nel suo piccolo funziona, perché un sacco di gente fa la fila in Comune per vederlo. Però al sindaco non basta. Vuole il chiangone. Vuole Godzilla.

Tra l'altro, tanto per precisare, per realizzare questo colosso bisognerebbe spianare una collina e fare un basamento grande come uno stadio... quindi neanche una roba facile. E tutto questo perché? Per incentivare il turismo religioso. Ma io dico: le persone che pregano, pregano il santo, mica la statua! Non è questione di misure! Se vuoi richiamare i turisti e fare una roba grossa, che vengano a vederla da tutto il mondo, piuttosto fai un Del Piero di cento metri. È uguale e non tocchi i santi. E dentro il ginocchio ci metti anche un bed & breakfast. Oppure fai un Gigi D'Alessio e un'Anna Tatangelo alti seicento metri che limonano.

Ma voi vi rendete conto, se la facessero veramente una statua così? Solo con l'ombra che fa, annienterebbe tutte le coltivazioni di pomodori nel raggio di mezzo chilometro! Verrebbero tutti bacati, marinà... E poi scusa. Se mi fai un Padre Pio alto 85 metri, quando poi decidi di dedicare una statua a Gesù, quanto alta la devi fare? Un chilometro e mezzo, minimo! E metti che un domani decidano di rimuoverla. Poni che i piccioni l'abbiano tartassata per bene e che non sembri più Padre Pio ma il fantasma del Louvre. Dove la metti? L'unica possibilità sarebbe l'appartamento di Bertone, che è grande come il Molise e una statua di 85 metri sul terrazzo ci sta.

Senza contare che ci saranno anche quelli, magari pochi, che non sono devoti al santo, e magari non sarebbero contentissimi di aprire le finestre al mattino e trovarsi davanti una Tour Eiffel col saio... Poi sai quanto costa? 150 milioni di euro. 150 milioni di euro?! E di cosa lo vogliono fare sto Padre Pio, di Swarovski? Andate a chiedere a papa Frank cosa ne pensa... ma andateci col casco in testa però, perché Frankienergy vi spacca il bastone pastorale in capo.

E dove li prende, il comune di Ogliastro, 150 milioni di euro? Finora ne hanno stanziati 2000, ma il sindaco è convinto che gli altri potrebbe darceli l'Unione europea. Certo. Se mandiamo Renzi a chiederli, secondo me Juncker gli strappa i bermuda a morsi. Pensavo: se proprio devono fare una statua così alta non si potrebbe montare una pala eolica sopra? Verrebbe un Padre Pio spiritoso e ci rifaremmo un po' con le spese vendendo la corrente all'Enel.

"A prova di uomo"

Parliamo di uno spot eccezionale. Dopo Tania Cagnotto che si tuffava in piscina in quei giorni per dimostrare che l'effetto *Lo squalo 3* non avveniva, pensavo avessimo raggiunto l'apice. Invece no. I creativi, con Tampax, hanno buttato il cuore oltre l'ostacolo.

La campagna si chiama "Facile, a prova di uomo". In pratica si vedono degli uomini giovani a cui una tizia chiede di usare cose da donne. Subito gli fa vedere un paio di collant e poi gli chiede: "Come si usano?". Ma come "come si usano"? Secondo te un maschio non sa come si mettono i collant? Cos'è un maschio, un mentecatto che vive su Marte? Una forma di vita primitiva come il lichene? Un cretinoide che si aggira sulle terre emerse? Persino se l'avessero chiesto a un branco di oranghi nel Borneo ce l'avrebbero fatta! Tutto questo però non basta, dopo eyeliner, reggiseni e cerette, veniamo al gran finale: chiedono a quest'orda di decerebrati come si usa il Tampax. E lì avviene il colpone di scena. Incredibilmente tutti i maschi lo sanno perché è molto semplice. A parte che ancora una volta voi maschi negli spot fate la figura dei cretini. Immaginatevi quanto poco io abbia voglia di parlare bene di voi pelidi Achilli, ma questa volta esorto i maschi a fare una class action. Lo sappiamo che siete parecchio scemi, ma non c'è bisogno che ce lo dica anche la pubblicità.

Vorrei vedere se uno spot facesse la stessa cosa con le femmine. Una volta succedeva, ma adesso guai! Ora ci siamo fatte furbe. Immaginatevi la pubblicità di un profilattico dove si vedono delle ragazze a cui ne viene dato uno e loro *tricche!* lo infilano con grazia sulla pompa della bici... che pienone verrebbe fuori. Tempo due minuti e partirebbe un'esplosione nucleare, la bomba atomica di Kim Jong-un e il missile "Satan 2" di Putin messi insieme.

Ma soprattutto: chissenefrega che un uomo sappia come si usa un Tampax? Quelli sono problemi nostri. A noi serve che sappia fare altro. Non so, mettere le catene da neve, appendere un lampadario in casa, cambiare i fusibili della Panda... Fine. Al resto ci pensiamo noi. E poi, non credete, i maschi sanno benissimo come si usa... Magari non sono in grado di attaccare la lavatrice, ma sanno benissimo com'è fatta la Gran Soleil nettare degli dèi, in testa hanno la planimetria completa dell'organo... Figurati, percepiscono la presenza di jolanda entro i cinquecento metri, sanno a memoria tutte le curve del circuito interno come le Ferrari a Imola. Se gli dai in mano un Tampax lo sanno benissimo che non va nelle orecchie e anche che non può essere usato come alternativa all'Imodium.

Siamo nel 2016... Non è che un maschio se vede un cordino spuntare dalla jolanda pensa che sia un carillon o un petardo a miccia corta. Non lo tira per vedere se la donna spalanca le braccia e le gambe come un babaciu. Anzi, per dirla tutta, gli uomini il Tampax lo considerano un collega, un socio che viene a dare una mano in bottega solo nei giorni difficili.

Per non allontanarci troppo, parliamo di politica. Sapete che Civati ha fondato un nuovo partito. E come l'ha chiamato? Possibile. Si sarà ispirato a Podemos. Quello spagnolo. Certo che una volta i nomi dei partiti avevano delle pretese: Democrazia cristiana, Rifondazione comunista, Partito repubblicano, Partito socialista. Erano nomi importanti, altisonanti, parlavano di libertà, democrazia, popolo... adesso ci accontentiamo. Podemos. Speramos. Tentamos. Si ce va de culos, ce la fasemos. Si vola molto più basso. Diciamo che i nuovi partiti si accontentano. L'unica è ancora la Grecia che ha un guizzo di vita: Syriza. Oooh... Syriza, come tante cose degli umani che tirano su la schiena, che si ergono. Almeno Syriza dà l'idea di qualcosa che reagisce, ecco.

E comunque Civati si è dato da fare. Ha fatto questa proposta di legge che cambierà la politica italiana. Una legge per le donne. E cos'è? Un bel codicillo che equipara gli stipendi delle donne a quelli degli uomini, visto che normalmente prendono molto meno? Una legge che protegge il posto di lavoro alle donne incinte, che ancora oggi spesso vengono licenziate? Una legge che obbliga l'uomo che vede una donna in difficoltà a parcheggiarle la macchina? No. Ha proposto di abbassare l'Iva sui Tampax. Sì. L'ha chiamata la tampon tax. I Tampax sono importanti, eh? Per la gran carità. Però, Pippone, tu che andavi contro Renzi e le sue idee, tipo i bonus da ottanta euro dati a caso, non è che lasciato a te stesso voli tanto più in alto, sai? Oltretutto è un attimo che Renzi ti scavalca a sinistra proponendo ottanta euro di Tampax gratuiti a tutti, compresi i maschi che, anche se sanno a cosa servono, li adoperano per levare il grasso alla catena delle moto. Chissà come mai è partito proprio dai Tampax per combattere l'Iva al 22 per cento troppo alta? Perché non dagli occhiali, dai computer, dalle scarpe, dagli spazzolini da denti?

Forse perché in fondo gli assorbenti sono uno dei simboli più veri del "pluralismo democratico", ce ne sono un milione di tipi, per tutti i gusti: interni, esterni, quelli da notte, quelli da giorno, quelli da cocktail, scamosciati, con il riscaldamento autonomo, Tampax con filtro anti-particolato, per taglie forti, di donne forti, con jolande forti, assorbenti con le ali, senza ali solo con le piume come i dodi, quegli uccelli che non volano, in materiale antiurto per quando si fanno le gare campestri in bicicletta.

Però è vero che l'Iva incide tanto. Con l'Iva al 4 per cento risparmi circa un euro al pacchetto. Quindi una roba figa. Ecco, diciamo figa, che è termine quanto mai azzeccato. Però posso dirti, Civatino? Già che ci sei, mettici dentro i pannolini dei bambini che loro non li usano una volta al mese ma tutti i mesi tre o quattro volte al giorno minimo.

Ancora un consiglio. Al nome del tuo partito, Possibile, aggiungici un punto interrogativo. Perché quando uno sente le tue proposte pensa: possibile? E così se lo ricorda.

Tra l'altro anche il logo di Possibile sembra quello di un Tampax.

Terra pelosa, Terra virtuosa

Sbarabaquak. Svelamento eccezionale. Hanno scoperto che la Terra ha i capelli. Sì. Non sto scherzando. Adesso cercherò di spiegare di cosa si tratta. E metterò la nasa, la mia, questa che ho sopra il mento, in faccende che non mi riguardano. Farò un po' la Zichica Balenga.

Pare che il pianeta Terra sia provvisto di capelli. Tra l'altro lunghissimi. Le "radici", i bulbi, partono dalla crosta terrestre e poi piano piano si assottigliano in filamenti lunghi fino a un milione di chilometri. Tipo i capelli della Panicucci... I suddetti capelli si muovono continuamente per via dei campi magnetici insieme alla Terra che gira, e girando si annodano. Si attorcigliano. Quindi prima o poi la Terra avrà i dread. Sto facendo un'analisi di fantastronomia, d'altronde non è mica colpa mia se si svelano cose così pazzesche. Qui rischiamo di scoprire che chi ci ha creato è un parrucchiere e io devo stare zitta? Tra l'altro è anche una cosa affascinante vivere sopra un'enorme testa di Peppe Vessicchio.

Ma io mi chiedo: com'è che non si sono accorti prima che abbiamo tutto questo pelame? Viviamo su un pianeta che è tipo Caparezza e pensavamo di stare su uno pelatone tipo Signorini? Il Sole sì, l'abbiamo sempre immaginato coi raggi, con quella specie di corona di capelli luminosi intorno, ma la Terra per noi è sempre stata una patata rotante.

La Luna aveva almeno i crateri, i brufoli, i buchi dell'acne, ma la Terra no. Lo stesso Cristoforo Colombo, che scemo non era, diceva: "La Terra è rotonda" e non "La Terra è rotonda e ben pettinata". E invece siamo irti come Cristicchi!

Però è plausibile. Se tu ti immagini: l'Africa e gli Stati Uniti sono le basette, l'Oceano Atlantico la chierica e il Sahara è sicuramente forfora. Tra l'altro, un forte indizio di capelli cosmici c'era. Com'è che si chiama il vento caldo? Phon. Vedi che tutto torna? Ma andiamo avanti. Di cosa sono fatti questi capelli? Di alluminio come quelli di Severgnini? Di derivati del petrolio come Sandro Mayer? No. Di materia oscura. E cos'è la materia oscura? E che cacchio ne so... se è materia oscura, sarà oscura. Forse anche lei sta al buio come le bottiglie in cantina, che non sai mai quale prendi.

Pensa che la materia visibile nell'universo è solo il 5 per cento. Il 27 per cento è materia oscura, il resto è energia oscura. Quindi significa che dell'universo non si sa una beatissima mazza. Cristoforetti mia, datti da fare, che se non ci pensi tu qui noi siam panati! Comunque deve essere vera questa cosa dello spazio e dei capelli. Anche lei, la Samantha... quando era sulla Terra aveva i capelli normali. Entrata in orbita... *tring!* Tutti sparati.

E adesso? Toccherà prevedere un balsamo cosmico che sciolga i nodi. Una maschera planetaria anticrespo, se no a forza di ruotare la Terra si fa la permanente. Le viene la cofana riccia, un misto tra Giletti e Renga. Comunque, pensavo – perché oltre alla stupidera c'è anche un'anima filosofica che alberga in me –, se la Terra è coperta di capelli, noi umani... siamo forse i pidocchi? Povera Terra. Anche se è barbuta le vogliamo bene lo stesso: Terra pelosa, Terra virtuosa.

Il Duomo in malora

Ma parliamo di robe che vanno in malora. Siccome il Duomo di Milano aveva dei pezzi ammalorati, cioè in malora, è stato restaurato. E fin qui niente di strano. D'altronde invecchiamo tutti e invecchia anche lui. Purtroppo hanno dovuto anche sostituire alcune parti perché erano troppo malandate. Ecco. E lì casca l'asino. E si fa pure male. Perché c'è un problema. Le parti sostituite si notano. Hanno proprio un altro colore. Sono di marmo chiaro mentre il resto, che è rimasto esposto alle intemperie, è più scuro, più grigio. Hai capito? Hanno fatto come quelli che per risparmiare vanno a comprare la portiera dal demolitore e poi hanno la macchina rossa con una portiera granata. O come quando il dentista ti mette il dente provvisorio con un colore a cacchio e tu ti ritrovi con tutti i denti normali tinta dente e in mezzo un giglio. Un cristallo di neve. Un premolare color neon. Anche in campagna si fa così. Quando si scheggia una piastrella del pavimento verde della camera da letto cosa fai? Vai in cantina e recuperi una piastrella bianca di quando hai rifatto il bagno. I mosaici di Pompei per me sono nati in questo modo.

Così adesso se vai al Duomo vedi dei pezzetti bianchi, degli altri grigio chiaro, una guglia grigio canna di fucile, uno spigolo grigio fumo di Londra, un gradino grigio perla... insomma tutte le cinquanta sfumature di grigio senza che nessuno provi a metterti le manette e ti limoni allo sfinimento. Vi sembra possibile? A casa mia ho verniciato le serrande di un grigio che non era la stessa gradazione di quello del condominio: mi hanno aperto in due e ho dovuto riverniciarle. E per il Duomo non si fa una piega? No, loro dicono che bisogna aspettare che lo smog scurisca le parti più chiare... ah figo. E allora organizziamo degli ingorghi di automobili in piazza Duomo, così si fa prima.

E scusate... se un giorno dovessero restaurare la Madonnina? Cosa fanno, la portano via e al suo posto mettono la statua di Manuela Arcuri, quella che sta in Puglia, a Porto Cesareo, tanto grosso modo è la stessa cosa? Secondo me potevano dargli una mano di Fernovus. Chiamavano Brava Giovanna brava. E via. Se no, altra soluzione, si potrebbe dare una mano di bianco a tutto il Duomo. Però ci vorrebbero un casino di giornali da mettere sulla piazza per non sporcare.

Poi c'è un altro problema, cioè che le parti vecchie, che sono magari statue o capitelli, non vengono smaltite ma neanche riutilizzate. Vengono buttate in un deposito. Eh ma è un peccato. Pensa se ce l'avessero gli americani tutto sto ben di Dio, loro che di storico al massimo hanno gli slip di Clinton quando era presidente! Noi no, noi prendiamo e buttiamo. Ma io dico: facciamoci furbi, le statue vecchie, anziché tenerle nei depositi, adoperiamole come colonne per tenere su i controsoffitti delle scuole. Così avviciniamo i giovani all'arte e rendiamo le scuole più sicure. Bon. Vado di là a telefonare a Franceschini.

Zero sfumature di walter

Com'è che dicono a Roma? Mai 'na gioia... Proprio così.
Avete visto *Cinquanta sfumature di grigio*, il film tratto dal famoso bestseller soft porno? Il film che le donne hanno aspettato come la pagina di agosto del calendario di David Beckham e la fine del campionato di calcio.
Il protagonista della pellicola si chiama Jamie Dornan e non è neanche così bello, sembra un promotore finanziario che vuol venderti i Bot, è un po' un bello perfettino che tutto ti fa venire in mente tranne che essere appesa come un mazzo di cotiche al lampadario. Comunque munsù Dornan pare avesse messo nel contratto che non doveva mai e poi mai, di tutti i mai del mondo dei mai, essere ripreso frontale. Niente walter nudo. Solo lato B.
Vi sono già venuti gli occhi della cernia con patate? Capisco. Siamo entrati subito nell'angolino della cultura con la "cul" maiuscola. Vi spiego. Non è che recita solo di nuca, la faccia si vede, ma è l'apparecchio di bassa manovalanza che purtroppo è assente. Quindi no Martini no party. In pratica è come assistere a un documentario sulla monta dei tonni.
Ma io mi chiedo. Tu giri *Cinquanta sfumature di grigio* e fai la figa? Che non è neanche l'espressione più indicata... Un film dove sono nudi sempre, che parla solo dello stantuffio della vita moderna, lo fai con le mutande di amianto? Non puoi girare *Cinquanta sfumature* e mettere una clausola

così! È come se l'attore che ha fatto Coppi avesse chiesto di non essere inquadrato mentre va in bici. Come se volessero girare *Lo squalo* nella fontana di piazza Solferino. Come fai a non far vedere? Monsieur Pompadour?

Per tre quarti del tempo ciupano come ossessi. E manco la posizione del missionario e ciao. No no!!! Fan l'amore come Valerio Scanu, in tutti i luoghi, in tutti i laghi... sopra i nuraghi. Se non fanno vedere il ciupa dance che senso ha? Sarebbe come girare un film di Dracula dove non si possono inquadrare i canini ma solo incisivi a paletta come quelli di Renzi. Perché nel libro fan proprio le stirubacule! Si appendono, si piallano, si storcono, hai voglia a non lasciar scappare il... come fai?

A meno che Jamie abbia veramente una sfumatura di walter anche lui. Una minuzia. Un petit four, un dragée... Ma pensa anche il regista, che sfinimento. "Stooop... scusa Jamie, s'è visto un amico di Maria, rifacciamo. Stooop... pelo. Stop... pelo. Jamie, scusa, da capo."

Loro dicono che vogliono fare un film pudico senza nudi. E allora che girino il remake dell'*Albero degli zoccoli*, no? Sostengono che se nel film non ci sono scene di nudo riescono ad arrivare a più pubblico. Ho capito, ma tanto non è che possiamo portare i bambini a vederlo... "Mamma, andiamo a vedere *Il mio amico Nanuk*?" "No, andiamo a vedere *Cinquanta sfumature*." "Di Topolino?" "No, di Pippo."

Non potevano prendere un attore che nel caso scappasse un accenno di tubatura se ne fregava? Non dico di sventolarlo ai quattro venti, ma se se ne intravede uno scampolo, un'oncia, chissenefrega, no? In fondo che cos'è un walter se non un apostrofo rosa tra le parole "coscia destra" e "coscia sinistra"?

Venere con il passamontagna

È partito l'ennesimo torrone. Per far piacere a Rouhani, il presidente iraniano che è venuto in visita in Italia, e non offendere la sensibilità islamica, hanno pensato bene di coprire le statue ai musei capitolini. È scoppiato un casino ciclopico. E la cosa bella è che Franceschini e Renzi sono caduti dal perissimo... "Ma chi è stato?"

Ma come chi è stato? Se non lo sapete voi dobbiamo dirvelo noi? Non è che le statue si sono vestite da sole... Ste poverette sono lì nude da 2000 anni e mezzo e non si sono mai lamentate... com'è che adesso le copriamo con un loden di legno? Ma non si poteva trovare un'altra soluzione? Tipo girarle tutte di schiena, che mostrassero il didietro? Oppure distrarlo. Dirgli: "Rouhani? Guardi lì!" e poi *prut*... spingerlo avanti.

Io le ho viste. Sono copie di statue greche, non si tratta di roba porno. La Venere fa vedere il seno ma si copre la jolanda... non è mica una statua di Jeff Koons che si ciupa Cicciolina. Ma pensa che hanno coperto anche un gruppo marmoreo con un leone che azzanna un cavallo! Capisco la Venere, ma i cavalli? Io non li ho mai visti vestiti! I cavalli girano nudi da sempre, sarà così anche in Iran, no? Speriamo che Rouhani non abbia visto le foto di Renzi in bermuda... se no è la fine.

Sai, con questo qua dobbiamo fare affari per 15 miliardi

di dollari. Praticamente una finanziaria. Con l'aria che tira, fosse per Marchionne avrebbe staccato a morsi anche le balle di un Bronzo di Riace. Avrebbe messo alle Veneri anche il pile, il passamontagna e il gambaletto di leacril antistupro. Anzi. Mi fa strano che Renzi non abbia fatto inscatolare anche la Boschi, che è così burrosa e formosa. Pazzesco. Prima con Gheddafi facevamo pascolare per Roma una cinquantina di amazzoni fighissime, adesso con questo tiriamo su le braghe alle statue. Passiamo dal bordello al convento alla velocità della luce!

Ma noi, un pezzo di spina dorsale rigida, ce l'abbiamo o lecchiamo il sedere a *tout le monde*? E se viene a trovarci Kim Jong-un poi cosa facciamo? Per farlo sentire a casa tiriamo una cannonata nel culo al ministro Gentiloni col cannone del Gianicolo? Se vengono i cinesi coltiviamo il riso nella Fontana di Trevi e se viene il Dalai Lama vestiamo Cannavacciuolo da Buddha? E se arriva Putin, arrestiamo Malgioglio?

Solo per sapere. Tra l'altro, questo che fa tanto il liberale, certo, rispetto ad Ahmadinejad è meglio, però non è che governi un paese pieno di diritti umani. In Iran c'è la pena di morte. Da quando è salito lui al governo ne hanno già accoppati una caterva. Li impiccano in piazza, così la gente può godersi lo spettacolo. Per l'adulterio e la sodomia c'è la lapidazione. E noi, quando viene in visita il capo di uno Stato così, copriamo le statue per non infastidirlo?

Che poi fa anche ridere, perché mentre partiva tutto sto ambaradan sulle statue nude, a Canale 5 in prima serata davano *Cinquanta sfumature di grigio* che ha fatto il botto di ascolti. Altro che Family Day... Noi copriamo le statue, tutti in piazza per la famiglia, ma appena trasmettono un mezzo porno in TV tutti davanti allo schermo a seguire le porcelliadi minuto per minuto. Bene la famiglia, bene la morale, ma fai vedere in TV un po' di subbuglio inguinale e siamo tutti lì con gli occhi sgranati del porca troia. Con una frangia di bava e le ascelle umide. W l'Italia.

Il libro liofilizzato

Parliamo di cultura e di libri. E di un'idea geniale che a quanto pare avvicinerà tutti quanti alla lettura. Si sa che la gente legge sempre meno libri, che ormai "il lettore forte" è quello che legge il bugiardino del Tachifludec o le istruzioni dello spazzolino da denti elettrico. Insomma, state tranquilli. Sono in arrivo i distillati e non sto parlando di grappa. E cosa sono i distillati? Praticamente sono dei libri di grandi romanzieri di oggi, in edizione concentrata. Come la pummarola in tubetto. Compressi. Liofilizzati. Hai presente i merluzzi seccati all'aria? Uguale. Lo stesso romanzo ma in meno della metà delle pagine dell'originale. Attenzione però, non è un riassunto, tipo bignamino. Che già, se mi è permesso il termine, sarebbe una boiata... No no. Qui sono i libri originali, ma tagliuzzati. Con un terzo delle pagine segate via dalle mani sapienti di qualche pirla. Capitoli interi presi e buttati nel water metaforico. Tranciati da gente che magari in vita sua come esercizio di scrittura al massimo ha preso nota di quante pizze da asporto farsi portare a casa.

Il concetto è: "Amici miei scrittori bravi e di successo, Ammaniti, Giordano, Mazzantini, Stephen King, Camilleri e, che ne so, Murgia e Oggero, bene l'idea, benino certi passaggi, buono il plot, ma... tante parole inutili. Ci avete torronato a manetta. Ma non vi preoccupate, ci pensiamo noi a levare le vostre puttanate in eccesso. Che problema c'è?".

Ma come che problema c'è... siete cretini? Bevete il toner

della stampante al posto del caffè? Secondo loro con i distillati avvicinano i libri ai non lettori, quindi meno pagine ci sono, meglio è. Come dire: non ti piace tanto il pollo? Va be', ti cucino un passerotto. Ma ti sembra un ragionamento sensato? Ma se uno non legge, non legge... non è che se gli accorci il libro cambia idea! Cosa vuol dire "li accorciamo un po'"? Come se per accorciare *Michelle* dei Beatles togliessero tutti i do e i sol! Magari viene fuori *Il Caffè della Peppina*! Io posso capire se è la biografia di Gattuso... che magari se anche togli l'episodio della pubalgia e della lesione meniscale è uguale, ma *Il nome della rosa*? Mi dici di grazia cosa minchia ti permetti di tagliare?

Poi se tagli dentro devi tagliare anche il titolo: *Cent'anni di solitudine* diventa *Ventotto anni*, *Cinquanta sfumature di grigio* si riducono a *Trentuno* e *Uomini che odiano le donne* diventa *Uomini a cui le donne stanno leggermente sul culo*. Che così è più corto. Oppure *Uomini che odiano le rape*. Che puoi risolvere tutto in quattro pagine e non c'è nemmeno spargimento di sangue.

L'unica cosa che non ho capito bene è se gli autori lo sanno. Pensa a De Carlo che si vede arrivare l'e-mail: "Caro De Carlo. Bel romanzo, complimenti. Però a noi dei Distillati quanto ce ne sbatte le balle se a pagina 122 lei ci racconta di suo fratello? Abbiamo tagliato, caro amico. E poi. A un certo punto lei ci descrive come sono fatti i petali dei girasoli. I petali son petali. Roba gialla appesa ai rami. Alla gente che gliene frega? Abbiamo tagliato i petali, i girasoli, e altre venti pagine per sfregio!".

"Caro Augias! Abbiamo ricevuto e sistemato il suo romanzo. Adesso scorre che è una meraviglia, anche se è rimasta una pagina sola. Gliela rimandiamo, veda se riesce a togliere ancora qualche cosina. P.S. Il titolo era lungo, e così ci siamo permessi di togliere tutte le vocali, grazie."

Capisci cosa sta succedendo? Scorciano i libri alla belin belina. Ma perché allora non fate anche i libri da cesso? *Il signore degli anelli* in due pagine: entri ti siedi, leggi, e tiri l'acqua. Bon. Finito.

Hai l'overbooking nel cervello?

Voi lo sapete cos'è l'overbooking? Ve lo spiego perché mi è successo proprio di recente. Stiamo parlando di voli aerei. Succede questo. Metti che hai un impegno di lavoro importante non propriamente dietro l'angolo. Che fai? Decidi di prendere l'aereo e per prudenza ti compri il biglietto mesi prima con posto assegnato, giusto per stare tranquillo. Ok? Bene. Il giorno X arrivi in aeroporto, fai la coda allo sportello, sei pronto per fare il check-in e l'operatrice ti dice: "Mi spiace ma non può partire perché lei è in overbooking". Che tradotto significa: "Lei è di troppo. Sono finiti i posti, non c'è più manco un posticino per lei. O parte con il volo dopo, oppure domani o altrimenti le rimborsiamo il biglietto". Fine. E tu te lo prendi nel booking senza l'over. Sai che gli aerei hanno il flap? Ecco. Te lo prendi tantissimo nel flap. E questa è una pratica comune a tutte le compagnie aeree, anche quelle straniere, e mica solo per i voli low cost. Perché per non rischiare di avere i voli mezzi vuoti vendono più biglietti dei posti disponibili a bordo. Tutto qui.

Ti sembra normale, come canta Max Gazzè? Tra l'altro così danno anche una scarsa prova di fiducia in se stessi perché è come se dicessero: "Ma figurati se vengono tutti? Con quella ciofeca di caffè che gli diamo durante il volo...". E poi vorrei aggiungere: scusa, compañero de la compagnia, con quale cacchio di criterio decidi "tu sì", "tu no"? Secondo te io ho prenotato un mese prima e pagato in anticipo perché volevo vedere il paesaggio dall'alto? Perché mi piace fare l'applauso all'atterraggio? O per leggere quei giornaletti tutti unti che sono nella tasca davanti al sedile con scritto com'è buona la mozzarella che fanno a Matera?

No, caro il mio pirla. Prendo l'aereo perché ho un impegno di lavoro importantissimo o un viaggio organizzato. E tu mi dici che sono in overbooking? Ma come mi tratti? Come una cacca di piccione sul lunotto? Un colpo di tergicristallo e mi cancelli? Ci manca solo che mentre l'hostess dà le indicazioni per le uscite di sicurezza faccia pure il gesto dell'ombrello con le mani a chi è rimasto fuori. Se però sono io che prenoto per un viaggio in Sardegna a luglio e poi mio marito si rompe il femore e non ci posso più andare, voi, dementi volanti, non me li ridate mica i soldi del biglietto!

È inutile che per la sicurezza non facciate portare i deodoranti, ci facciate levare le scarpe e sfilare le cinture per poi lasciarci a terra. Il maiale tutto di prosciutti non esiste! E una volta fate pagare il doppio le persone obese, un'altra vendete più biglietti di quelli disponibili, un'altra ancora fallite e devono salvarvi le cordate... E poi, cosa volete ancora da noi? Una fettina di quella roba lì che è meglio che non lo dica? Facciamo così. Io non vi insulto, non protesto, vi faccio solo questo verso: *tttuuu tuuuu*. Sapete cos'è? È il fischio del treno. *Ciuf ciuf. Tuttt tu ciuf ciuf.* Vorrà dire che prenderemo il treno, che è anche più comodo. Dovreste baciarli in bocca i passeggeri, e non fare gli overbooking. Dovreste smettere di darci i salatini di gesso e i biscotti di pongo, perché se continuate così, non solo in mutande vi mettiamo, vi leviamo anche quelle.

Ripapiamo questo papa

Quando si è aperto ufficialmente il Giubileo papa Frank ha detto che non vuole vedere porte blindate, che sarà tutto aperto e spalancato, e che si levino dalla testa che lui viaggi con la papamobile coperta. La vuole cabriolet, tipo Thelma e Louise... E Angiolino, il nostro ministro dell'interno Al Fashion, è già in agitazione. Non può neanche strapparsi i capelli perché non li ha. Dovrebbe strapparli a Delrio che ne ha tanti.

Però anche Frank... diciamo che non agevola. Della sicurezza se ne sbatte, fosse per lui si metterebbe a prendere il sole sul Cupolone. E tu pensa i servizi segreti, alle prese con un papa così. Dan di matto. "Scusi? Lei è dell'*intèlligens*?" "No, prima, ero dell'*intelligèns*, poi ho fatto la guardia al papa e son diventato *crètin*."

Cosa devono fare per proteggerlo? Travestirsi da suore che pregano? Far finta di essere chierichetti di quarant'anni grossi come Bud Spencer? Non mi stupirei se ci fosse un paracadutista della Digos che tutte le mattine, vestito da merlo, si fionda nella sua cucina per assaggiargli le brioches che non siano avvelenate... Frank! Facci il santo favore. Fatti blindare. Fallo per noi. Non dico una grossa blindatura, ma almeno un tappo sulla testa come i barattoli della Bormioli, grazie.

Domanda: adesso che per il Giubileo c'è divieto di sorvolo su Roma, come fa Bertone ad andare su e giù dalla Basilicata in elicottero? Comunque recentemente c'è stato anche un colpone di scena. Frankienergy era in aereo e se ne tornava dall'Africa, beato e contentone, pieno di regali, bonghi, teste secche e parei, quando un giornalista gli ha chiesto a bruciapelo, a proposito della Giornata mondiale della lotta all'Aids, se non era il tempo per la Chiesa di consentire l'uso del preservativo. Bello dritto, e secco. Ma com'è che tutte le volte che fa i viaggi in aereo lo devono trapanare con qualche domanda fetentona? Che poi lì non può neanche svignarsela, non è che può dire: "Perdoni ma mi aspettano fuori". Niente. Tutte le volte i giornalisti lo attendono al varco e poi lui si impapocchia.

"Impapocchiarsi" viene da papa Francesco che essendo papa si impapocchia. Mentre vicino a lui c'è sempre padre Lombardi, che lo scannerizza con lo sguardo e gli fa la faccia di uno che ha inghiottito un carciofo senza masticarlo. Ma anche la faccia di papa Frank non scherzava. L'espressione basita di quando tu ti sei preparato bene sul Carducci e il professore ti chiede Leopardi. Ti veniva voglia di abbracciarlo, guarda. Lo vedevi proprio, che man mano che sentiva la domanda si andava spegnendo, si svuotava, avrebbe voluto essere da tutta un'altra parte a fare tutta un'altra cosa qualsiasi, ma non il papa sull'aereo. In quel momento gli sarebbe andato bene anche fare l'allenatore di pallavolo di una squadra di nutrie, guarda. Perché probabilmente lui al preservativo voleva dire sì subito, ma sapeva che poi a casa i cardinali, minimo minimo, lo pelavano.

Comunque lui alla fine ha detto sì, che il sesso protetto può essere un modo. Ma capisci? Mentre noi stavamo dietro alle solite boiate quello cambiava il corso della storia. Ha ribaltato un tabù della Chiesa che dura da secoli. Quell'uomo è un mito. Io lo farei papa di nuovo. Ripapa.

Le onde del destino

Sensazionale novità. Grande entusiasmo degli scienziati, grande perplessità della gente comune. Cosa desta questo infinito clamore? La scoperta straordinaria dell'esistenza delle onde gravitazionali nello spazio. Vi spiego in parole balenghe. Gli scienziati si sono accorti che nello spazio c'è una rete, tipo calza a rete, fatta di queste onde che si muovono come la superficie di un lago. L'hanno capito assistendo allo scontro fra due buchi neri, di cui uno veniva sicuramente da destra. Dai buchi neri nasce sempre qualcosa di bello, questa è una certezza.

Comunque. Sti due buchi neri si sono scontrati, non so se hanno fatto la constatazione amichevole, è partito l'airbag e si sono scatenate le onde. E fino a qui ci siamo. Non mi chiedete come questi buchi neri si siano formati perché non lo so, credo da Banca Etruria e Banca Marche. Questo scontro è avvenuto peraltro un miliardo e mezzo di anni fa... ma noi l'abbiamo visto solo qualche settimana fa per via della differita. Diciamo quindi che le onde gravitazionali sono una specie di reazione, come succede quando uno dice una minchiata e gli altri fanno ohhh...

Tocca dire che dell'esistenza delle onde gravitazionali aveva già parlato Einstein. Già Albertone aveva avuto questa intuizione. E non c'è da stupirsi, perché è chiaro che Einstein un legame con ste onde mostruose deve averlo avuto... basta vedere come era pettinato. E adesso tutti a dire: "Eh ma allora Einstein aveva ragione!". E minchia se aveva ragione! Einstein era un genio. Il genio dei geni. È normale che abbia avuto una folgorazione così pazzesca. Se l'intuizione l'avesse avuta Garko, allora sì che sarebbe normale stupirsi... Se Gabriel avesse detto: "Ho appena sceso le scale di Sanremo, ma sento che nel cosmo infinito c'è tutto un viavai di onde gravitazionali!", allora sì che Rubbia avrebbe dovuto smascellarsi di stupore.

Tra l'altro, se posso permettermi, qualcosina l'aveva già intuita anche Francone. Battiato nostro che è nei cieli e soprattutto in terra. E per terra anche spesso. Vi ricordo, scienziati del Cern, del Purn e del Farn, che lui già anni fa mi cantava: "Supererò le correnti gravitazionali, lo spazio e la luce per non farti invecchiare...". Diamo a Cesare quel che è di Cesare. E a Battiato quel che è di Battiato. Comunque la figata massima è che queste onde gravitazionali contengono informazioni sul Big Bang e sull'origine del cosmo. Capisci? Si spalancano nuove prospettive! Potremmo finalmente scoprire come mai siamo qui. Perché esistono Renzi e Salvini. Perché ci puzzano i piedi. O come ha fatto il Pulcino Pio a entrare in classifica.

I grandi perché dell'universo. E in tutta questa meraviglia la cosa strepitosa è che lo scienziato protagonista è il dottor Marco Drago, un italiano, purtroppo uno dei cervelli fuggiti all'estero, che lavora a Hannover in Germania. I nostri cervelli vanno via, in Italia rimangono solo le teste di minchia. Un pensiero va anche all'onorevole Gelmini, che sapendo di queste onde mostruose che arrivano da lontano potrebbe decidere di non andare al mare quest'anno. Peccato.

Se il finale è troppo aperto

Niente. Non ci sono più punti fermi. Avete presente "Walking Dead"? Quella serie americana che danno su Fox dove si vedono spiattellamenti di cervella, zombie e sbudellamenti vari... Allora. Praticamente nel finale della sesta serie ci sono stati 11 minuti e 19 secondi di suspense e poi... nada de nada. *Rien, je ne regrette rien.* Il cattivissimo Negan alla fine si presenta insieme a Lucille, che non è sua cugina ma la sua mazza ferrata (d'altronde non è che il cattivo può arrivare con in mano il mestolo da brodo o la pasta della pizza e minacciare undici persone...), si sa che morirà uno dei più amati ma non si sa chi... tutti col cuore in gola e il fazzoletto in mano, Negan il bastardo alza la mazza, parte la mazzata... *sbeing!* urlo sullo sfondo... e nero.

Niente. Non si sa chi ha accoppato. Forse il cameraman. E per sapere chi è stato spetasciato abbiamo dovuto aspettare una stagione. E quindi è partito dai fan il ringhioso "vaffan". E, nota, non il vaffan sospeso come la puntata di "Walking Dead", bensì il vaffan completo che finisce con cu... Sai che c'è gente in America che ha aspettato il regista sotto casa con la mazza per spiegargli come andava a finire? Ma ti pare?

In sceneggiatura questa tecnica si chiama Cliffhanger... Tensione tenuta in sospeso. Bene. Ma già la gente nella vita è stressata di suo, fammi almeno vedere su chi è calata la tortorata! Almeno mi plachi la tensione... No. Adesso va di moda il finale aperto. Che farà anche figo, ma per noi che di mestiere scriviamo, il più delle volte è un espediente perché non sai proprio come minchia finire la storia. Anche al cinema è così. Esci dal cinema e senti la gente che dice: "Ma alla fine lui muore?", "Ma il colpevole era Bob, o Frank?", "Ma quello che alla fine si vede sullo sfondo è di nuovo l'assassino o era la maschera che è passata davanti al proiettore?".

Ma fammi uno straccio di finale! Anche qualsiasi. Che almeno mettiamo un punto. Non parliamo poi dell'happy end, per carità. Di storie che finiscono bene non se ne parla. Lieti fini non pervenuti. O il finale è aperto, che non si capisce come cavolo finisce, o schiattano tutti. Bon. Perché se no non fa figo. Ma fammi una volta un finale in cui due limonano. Un finale dove lui si allontana sul cavallo bianco, lei piange e allora lui torna indietro e la bacia...

No. Mai. Se si mettono insieme, un attimo prima dei titoli di coda si vede dietro il pilastro uno con una carabina che mira per sparargli... Già nella vita di tutti i giorni dobbiamo berci mestolate di cacca, fai almeno che nella fiction o nei film le cose finiscano bene! Lo sai perché "Don Matteo" ha tutto questo successo? Vuoi che te lo dica? Perché finisce bene. Non vediamo Terence Hill che scende dalle scale con la bici e poi si sente *sbaraban*... e non si capisce se lui si è sbergnaccato contro un palo del divieto di sosta... No! A Don Matteo nel finale non si aprono le costole e salta fuori l'Anticristo e neanche vediamo il cranio di Frassica trapassato da un proiettile mentre beve il caffè.

Montalbano uguale. Lui gli assassini li prende. Tutti e sempre minchiassì. E poi nel finale si scofana pure un dentice da mezzo chilo. Ecccheccavolo. Ma persino nei colossal americani fanno morire i supereroi. Mi muore Superman! Ma siete cretini?! Ma se muore Superman siamo panati. Noi della nostra generazione non ci siamo ancora ripresi dalla mamma di Bambi e tu mi fai schiattare Superman?! Ma allora facciamo anche Wonder Woman che va a battere i marciapiedi e Peppa Pig che diventa un ripieno per tortelloni di Giovanni Rana... Siamo tutti pazzi.

Grande Sorella

Io non ci posso credere. È proprio il caso di dire: apriti cielo. In Spagna va in onda un reality show che si intitola "Quiero ser monja" e cioè: "Voglio essere una suora". Cinque ragazze che dicono di aver sentito la chiamata dal cielo vanno in convento per verificare se si tratta di vera vocazione o se avevano capito male. Sai, può succedere, ti senti chiamare, pensi sia l'Altissimo, invece è il call center di Enel Green Power. A me succede sempre quando squilla il telefono in TV e io rispondo "Pronto?" sul mio cellulare. Un grande classico. Giusto per dire che non sempre è miracolo.

Comunque. Un reality di suore. Un suorreality. Non mi convince tanto il titolo. "Grande Sorella" sì che calzava a pennello. Comunque è un reality come "L'isola dei famosi", solo che, invece di andare nella palapa nude, le squinzie vanno in convento. In fondo, se ci pensi bene, non è che cambia tanto: una volta le suore prendevano i voti, adesso prendono i televoti...

Bon. Vi spiego cosa succede. Le concorrenti che hanno sentito questa chiamata senza scatto alla risposta entrano in convento riprese dalle telecamere e provano a fare vita monastica per sei settimane, affidate alle suore missionarie di un convento di Madrid. Vince quella che si farà suora per davvero. Pensa che fortuna. Tra l'altro ho letto che le concorrenti sono anche belle stronate. Non è gente tipo

Claudia Koll... più tipo Monaca di Monza, non so se rendo l'idea. Una non va a messa, l'altra ha il fidanzato, l'altra ancora alza il gomito e si fa le canne... Più che figlie di Maria, sono Amiche di Maria, più portate per un reality per diventare cubiste...

Ora, io mi chiedo: com'è possibile inventarsi un reality show dentro un convento? Sì, è vero, lì il confessionale ce l'hanno già, quindi partono avvantaggiate, ma il resto? Che prove fanno fare? Cosa chiedi a delle suore, chi si mette il velo più velocemente? Fanno entrare un figo pazzesco e si vede chi resiste? Fai la gara a chi con le dita dei piedi si sintonizza prima su Radio Maria? Un conto è vedere Enzo Paolo Turchi che ulula con le emorroidi, un conto vedere gente che prega. Stiamo parlando di una questione seria, riservata. Almeno quelli dell'"Isola dei Famosi" li fanno crepare di fame, devono pescare a mani nude i saraghi e spaccare a testate le noci di cocco, rotolarsi nel fango e dormire su un letto di granchi, con gli autori che sperano che prima o poi si mangino tra loro... ma con le suore che cosa ti inventi? Per loro il digiuno è normale, fa parte delle regole d'ingaggio! E poi nei reality classici ogni tanto invitano un ospite: all'improvviso si apre la porta e piomba dentro, che ne so, Raoul Bova oppure Emma Marrone... In un programma così chi c'è dietro la porta? Frate Indovino? Il cardinal Bertone? Non credo. Un convento è più piccolo del suo appartamento, si sentirebbe un merlo in gabbia, un tappo di damigiana che vuole entrare nella porta USB.

E se partisse l'entusiasmo, quale sarà il prossimo programma? "Voglio farmi papa", e lo presenta Papi, oppure "Chi vuol esser missionario?", che va bene sia come titolo di un reality di frati, sia per un talent show mezzo porno a tarda sera.

Tutti guru con le palle degli altri

Ecco la notizia very pirla. Spostiamoci in India e parliamo di un guru, cioè di una guida spirituale, un maestro, un riferimento dell'anima. Bene. Questo guru di cui voglio parlare ha un nome impronunciabile tipo Gurmeet. Come un giudice di "MasterChef".

Gurmeet è a capo di Dera Sacha Sauda, che non c'entra niente con la bagna cauda ma è un'organizzazione religiosa che sta nel nord dell'India e che al momento conta cinquanta milioni di seguaci. Pensa. C'è un'organizzazione con cinquanta milioni di seguaci e noi non sappiamo manco che esiste. Conosciamo magari i seguaci di Roberto Carlino, che sono tipo quattordici, o quelli di Mimmo Schiavone, che sono sei, e non conosciamo uno che si porta dietro cinquanta milioni di persone. Comunque. Dera Sacha Sauda è un'organizzazione che si occupa soprattutto di meditazione spirituale. Peccato che a un certo punto sia arrivato sto Gurmeet che ha iniziato a predicare una pratica piuttosto impegnativa: la castrazione. Ohhh yes.

Se stai a vedere, un po' tutte le religioni propongono di darci un taglio: chi dà un taglio alla ricchezza, come il nostro papa Frank, e chi direttamente alle... Il santone dice che castrandosi si arriva meglio a Dio. Forse perché nello slancio si è più leggeri. Il guru dice che liberarsi dei bargigli, delle pigne del cucù, ti libera dalle tentazioni della carne e ti avvicina di più alla divinità: una specie di spending review dell'inguine. Certo che la rimozione delle basse sfere è impegnativa, pensa che coro di voci bianche, altro che l'Antoniano di Bologna...

Comunque quattrocento perfetti dementi, non guru, si sono lasciati convincere, e sono andati a farsi asportare gli amici di Maria. E non escludo che il santone li abbia convinti a farsi castrare per non sentire più, dopo dieci minuti che faceva la predica, i suoi fedeli in chiesa dire: "Miii... che due palle!". Resta il fatto che quattrocento dementi che si fanno castrare fanno ottocento testicoli mal contati. Ma sai solo per smaltirli? Intanto, dove le butti tutte ste olive ascolane? Nell'umido? Guarda che ottocento palle non le trovi neanche all'Ikea eh? Sono due sacchi postali pieni. Sono andata a vedere. Ogni amico di Maria pesa di media venti grammi. Per quattrocento fanno sedici chili di virilità perduta.

E dove sono andati a farsi alleggerire il baricentro questi quattrocento individui? A Casablanca? No, nella clinica, ascoltate la coincidenza, di Gurmeet. Il guru. Perché il Gurmettone ha un ospedale. Invece che un'astanteria ha un'asporteria. Quindi prima li ha rincoglioniti, e poi li ha decoglioniti. E alla fine si è fatto pure pagare. Hai capito il Fidel Castro? Ora, dopo quindici anni, molti di questi pirla hanno cominciato a rimpiangere il perduto bene e hanno raccontato la storia. Nota, dopo quindici anni. Tutta gente sveglia da quelle parti. Ci hanno messo quindici anni a capire che farsi tagliare i marron glacé per essere più vicini a Dio era una boiata? Si vede che il primo anno si sono sentiti più leggeri. Il secondo hanno cercato Dio ma non hanno trovato più né Lui né le balle. Il terzo hanno detto: "Sarà che per togliermi le balle mi han raccontato delle balle?". E via così per quindici anni.

Una cosa però a me piacerebbe tanto saperla: ma lui, il guru, se le era tagliate? O faceva il guru con le palle degli altri? La risposta è no. Perché è stato accusato di aver molestato sessualmente alcune sue adepte. Quindi le aveva, oh se le aveva!

Via dei Pazzi numero zero

Se n'è andato Cottarelli. Chi? Il commissario della spending review, quello che Letta aveva chiamato per mettere a posto i conti. Ha fatto le valigie ed è migrato all'estero. Peccato perché qualche cosa era anche riuscito a farla, tipo metter mano alla questione delle auto blu. Tra l'altro, a proposito, ho saputo una cosa che può succedere solo in Italia. Cioè che mentre Cottarelli cercava di capire perché mai l'Esercito avesse una quantità così inaudita di auto blu, che lui invece cercava testardamente di diminuire, ha scoperto che, attenzione, esiste un regolamento dell'Esercito e della Marina, ma non dell'Aviazione, che impedisce ai militari in divisa di andare in giro con l'ombrello. E quindi quando piove, visto che non si possono bagnare, devono prendere la macchina. Siamo veramente in via dei Pazzi numero zero.

Domanda lecita: perché l'Aviazione non ce l'ha, questo regolamento? Tutti i militari si possono prendere una giacca d'acqua tranne gli aviatori? La risposta è la seguente. Anche loro fino a poco tempo fa avevano sta bega dell'auto blu, ma poi, nel 2012, un genio, un prodigio, una testa superiore e sublime, il generale Nicola Lanza de Cristoforis che qui voglio benedire e ringraziare, ha fatto un comunicato, due righe due, in cui diceva testualmente: "Tutto il personale è autorizzato, in caso di tempo piovoso, all'uso dell'ombrello personale". Fine. Eh? Che uomo. Che Einstein. Grandissimo Nicola, grandissimo Lanza, superlativo de Cristoforis. Che io qui vorrei promuovere da generale a generalissimo e da generalissimo a super.

Certo, non è che un tenente colonnello dell'Aviazione può girare con l'ombrello di Hello Kitty, deve sceglierne uno nero col manico nero, ma soprattutto deve tenerlo con la mano sinistra, così la destra è libera di fare il saluto se incontra un superiore. E anche di soccorrere la popolazione in caso di bisogno. Cioè con la sinistra regge l'ombrello e con la destra tira su madama Pautasso che è andata giù lunga e tirata sulla pensilina del tram; con la sinistra tiene il paracqua e con la destra doma il puledro imbizzarrito che sparge terrore in via Monferrato; con la sinistra regge il parapioggia e con l'altra mano soccorre la puerpera che sta partorendo in piazza Benefica.

Tra l'altro sembra che questo regolamento anti-ombrello sia vecchissimo, e che all'origine fosse giustificato dal fatto che tenere l'ombrello è un gesto effeminato. Quasi come far roteare i polsi o portare a spasso un barboncino. Quando piove il maschio non deve fare il fru fru con l'ombrellino. Nell'Ottocento, qualsiasi maschio si azzardasse a farsi vedere in giro con il parapioggia era sospettato di essere francese. Che voleva dire gay o finocchio. Se avevi l'ombrello eri gay. Se ti bagnavi come un pirla eri etero... Insomma, il militare con l'ombrello nell'Ottocento era praticamente una drag queen, un Vladimir Luxuria coi gradi. Ho capito. Ma era nell'Ottocento! Non c'è qualcuno che si possa degnare di cambiare sta regola? Spendiamo pochi euro di ombrelli e risparmiamone tanti di auto blu!

Ministro della Difesa Pinotti, lei che essendo una vera donna ha di default più buon senso di un regolamento militare, la prego, aspettiamo un gesto da lei. Faccia il gesto dell'ombrello. Dichiari libero ombrello per tutti. Grazie.

Minzione speciale

Una notizia che merita una "minzione speciale". Spostiamoci in Germania, terra di crauti, culone e würstel. Per la precisione a Düsseldorf, celebre città del mostro di Fritz Lang.

Praticamente è successo questo: una coppia ha affittato una casa, ci ha vissuto per un po' di tempo ma poi ha deciso di traslocare e di riconsegnare l'appartamento chiedendo indietro la cauzione che era circa di 3000 euro. Niente di strano. Peccato che il padrone di casa gli abbia detto: "Col cavolo, ve ne do solo la metà perché il pavimento del bagno è tutto danneggiato intorno alla tazza del water visto che tu, inquilino bello, facevi pipì in piedi. E schizza oggi, schizza domani, il marmo si è corroso e fanno 2000 euro di danni".

E cosa ha fatto a quel punto l'*orinateur*? Ha fatto causa al padrone di casa e il tribunale gli ha dato ragione. Ha detto: "Gli uomini fanno spesso pipì in piedi e quindi può succedere che si rovini il pavimento intorno al water".

Allora. La prima domanda che "sgorga" (voglio essere intonata all'argomento) spontanea è: ma che pipì ha quell'uomo lì, da corrodere il marmo? Piscia idraulico liquido? Soda caustica? Forse sono i crauti che hanno troppo aceto e fanno fare la pipì corrosiva. E non oso pensare a come avrà ridotto l'asse. Come i cartelli stradali sparati dai cacciatori. Guarda che in Germania non si è parlato d'altro per settimane. Tutti a pensare: meglio seduti o in piedi?

Già perché in certi locali tedeschi è vietato farla in piedi. È una questione di cultura del Nord farla da seduti. Ma come fai nei locali pubblici a far rispettare il divieto? Entri a sorpresa nel bagno col passepartout gridando "Seduten!"? Da noi in Italia almeno quel problema lì non ce l'abbiamo. In Italia, il maschio latino preferisce virilmente sganciare il pitone in piedi, con il busto eretto all'indietro, fiero, mussoliniano, e pazienza se si crea un lago d'Iseo per terra. Da noi si fa pipì spavaldi e inverecondi. Da fantasisti, alla Maradona dell'orina. Il maschio alfa non si piega, né tantomeno si siede. Orina sprezzante come il gatto sul cornicione. A spruzzo.

Ora il problema è: cosa ha impedito a quest'uomo di avere la mira giusta? L'ipotesi più facile, naturalmente, è che sia stata colpa della moglie che lo chiamava in continuazione... "Franz!" E lui istintivamente si voltava e la faceva fuori. "Franz!" *Prut...* "Porti giù tu il cane? Franz?" *Prut...* "Franz! Che ore sono?..." Oppure uno starnuto improvviso, uno spavento, un colpo di singhiozzo, un brivido...

Certo, poteva anche pulire, dopo aver sporcato il pavimento. Non è che questo signore avesse tra le gambe un idrante incontrollabile, una proboscide dotata di vita propria, o che non fosse dotato di mani. Ma di qui a condannarlo a un risarcimento di 2000 euro, mi sembra un po' troppo... E poi l'altra domanda che sgorga spontanea è: perché il padrone di casa ha messo nel bagno lo stesso pavimento del salone delle feste della reggia di Versailles? Allora te la cerchi! Ma metti della ceramica facile, del linoleum, della graniglia... Sarebbe come mettere un tappeto persiano nella cucina dove lo chef Cannavacciuolo prepara ragù e soffritti.

Secondo me bisogna avere il coraggio di una mossa radicale, estrema: applicare un mirino ai walter come un obice da tre pollici. Puntare, mirare... fuoco!

Grossa grana per il Grana

Grossa grana per colpa del Grana. Non so se avete sentito che torrone pazzesco è scoppiato... Allora vi racconto. Parliamo di "Beautiful". In una puntata, credo la miliardesima, perché "Beautiful" va in onda da quasi trent'anni (un giorno la razza umana si estinguerà e resterà soltanto "Beautiful", che dominerà il pianeta), dicevo, in una puntata uno dei personaggi è in cucina a preparare da mangiare, quando improvvisamente fa una faccia da schifo, come se avesse appena trovato un topo che nuota nel budino o come se avesse appena visto Donatella Versace che perde botox da una narice.

E tu pensi che abbia fatto quella smorfia lì perché ha scoperto di avere una nidiata di corna sulla testa, tipico colpo di scena alla "Beautiful", e invece no. Dice: "Oh no, cavolo! Mi sono sbagliato! Ho comprato il Grana Padano al posto del Parmigiano Reggiano!" e scappa in dispensa squassato dal disgusto, credo per sputazzare quello che in una meravigliosa trovata di sceneggiatura è per lui l'orrore supremo. Ora, immaginiamo la gioia di quelli del Consorzio Grana Padano... se avessero potuto avrebbero grattugiato anche lui. E adesso hanno fatto causa ai produttori. Ma hanno ragione! Ti pare? Devono togliergli anche le mutande ai Forrester, che tanto quelli se ne fanno di nuove.

Abbi pazienza. Come si permettono di dire male del nostro Grana? Loro? Che fanno la pizza con sopra gli spaghetti, la mozzarella col Didò, e per farcire il tacchino ci pompano dentro il burro di arachidi... Cosa ne sanno loro del Grana Padano, che è buonissimo, loro che fanno il Parmesan, che l'agenzia americana per il controllo alimentare ha scoperto che dentro ci mettono i trucioli di legno... capisci? Loro si grattugiano un comodino dell'Ikea sui maccheroni e poi vengono a rompere i maroni a noi! Loro, che non distinguono il risotto dalla merda. Che si ostinano a fare le case in legno che poi il tornado gliele butta giù.

Che per ringraziamento tirano il collo a un tacchino. Noi i presidenti della Repubblica al limite li mettiamo sui francobolli, loro li scolpiscono sulle montagne. E comunque noi italiani siamo fisicamente più forti. Vuoi mettere il ratto del Parmareggio contro Topolino? Gli ficca tanti di quei calci nel sedere che lo rovina.

Poi per carità, negli Stati Uniti ci sarà qualcuno che distingue tredici diversi tipi di toma d'alpeggio, ma di sicuro non nella famiglia Forrester, che da trent'anni non fanno altro che ciupare fra loro.

Adesso l'unica soluzione è rimediare al danno. Magari fare che in una puntata Brooke, che è una trofia certificata, ormai lo possiamo dire, visto che ha sposato lo stesso uomo sette volte (che io sappia, poi non so se nel frattempo lei e Ridge hanno convolato di nuovo), Brooke abbraccia una forma di Grana Padano e gli sussurra: "Sei duro come piace a me... bastardo d'un padano, non ti tradirò mai!".

La ceretta col lanciafiamme

In alto i nostri menti. È in arrivo sul mercato Tinkle, il primo rasoio da donna. Ma non per le gambe... per la faccia. Proprio così. Pare che farsi la barba un giorno sì e uno no prevenga le rughe. Quindi, amiche ciamporgne, da domani tutte davanti allo specchio del bagno con la schiuma sul muso a cantare fortissimo *Volare* di Modugno, grattandoci le balle che non abbiamo. Tanto prima o poi scopriranno anche che fare pipì in piedi previene le vene varicose e fa bene al sistema linfatico.

L'inventrice di questo rasoio da barba *for woman* dice che radersi mantiene la pelle giovane ed elastica... Sarà per quello che voi uomini anche a novant'anni avete ancora la faccia liscia come un campo da curling mentre noi sembriamo una pista da motocross... Ma io dico. Noi femmine, non è che abbiamo tutto sto pelo da rasare... Al limite abbiamo un po' di peluria sulla faccia, che aumenta in menopausa, ma come tetto massimo ci vengono sei peli alla Mario Giordano o un filo di basette alla Tom Jones. Una cosa non invidiavamo agli uomini, farsi la barba, e adesso dobbiamo farcela anche noi? Che poi, a farla di continuo ricresce sempre di più! Altrimenti le pecore una volta tosate resterebbero pelate come Sallusti, non ti pare!?

Forse dovremmo trasferirci tutte in Kazakistan. Dove invece vive una donna che è diventata molto famosa. Questa meraviglia della natura ci ha rivelato il segreto del suo matrimonio felice: la sua barba. La sua lunga barba, che per la cronaca misura venti centimetri. Ho visto la foto: D'Agostino di Dagospia con trenta chili di più. Una donna così, al chiaro di luna, mentre la brezza del Kazakistan le scompiglia i capelli, se la guardi da vicino cadi stecchito per quanto è racchia.

Detto onestamente, da donna a donna, per quanto non conosca la fisiognomica kazaka, anche senza barba non è che... probabilmente la felicità di quella famiglia più che nella barba della moglie sta nella vista precaria del marito, ecco. Lì tra l'altro non si può neanche parlare di peli superflui. Più che altro è superflua la donna che c'è sotto. Questa signora si chiama Toraeva (non Tosa-eva che obiettivamente sarebbe stato un nome più adatto)...

Dice che anche le altre donne della sua famiglia avevano tutte la barba: la mamma, la nonna... ma, al massimo, arrivava a quindici centimetri. Poi è arrivata lei e ha stabilito il record familiare. Pensa che fortuna. Ha detto che appena sposata non ce l'aveva, le è spuntata solo dopo il matrimonio. Magari le è venuta perché suo marito è noioso. Avrebbe fatto spuntare la barba pure a Monica Bellucci. Solo, mi domando una cosa: se ha tutti quei peli sulla faccia, cosa avrà sul resto del corpo? Non è che i peli li può avere relegati solo lì. Sarà moquettata ovunque, dovrà fare la ceretta col lanciafiamme, avrà dei peli grossi come spinaci, il manto di Gattuso.

La signora Toraeva, però, ci garantisce che il marito è molto contento di questa sua particolarità, è attratto da lei e la desidera molto, la brama. Credo soprattutto d'inverno quando userà la sua barba come coperta. Chissà che nomignolo le darà nell'intimità? Spero almeno... Barbi.

Occhi a mandorlissima

Se ci penso mi sale la flina. Spiego per i non autoctoni. Dicesi "flina" quella specie di furia, quella collera, quel nervosone boia che ti fa alzare la pressione, venire i pomelli rossi e il fumo dal naso e che ti fa battere il piede per terra come il toro prima di caricare.

Devo fare attenzione perché quando mi incazzo così mi viene il collo ad arpa birmana... l'aorta larga e trafficata come l'Aurelia. Devo fare qualcosa per il collo plissettato. Pensavo... E se mi facessi crescere la barba? Me la faccio crescere sparpagliata alla Fazio o altrimenti giro con un foulard e dico che mi ha morsa un vampiro. Non è che posso fare come Renée Zellweger... sai l'attrice di Bridget Jones? Quella che è carina, rotondetta, con delle belle guanciotte simpatiche. Era. Adesso le è preso il trip di tirarsi come gli elastici della fionda e si dà il botox con la cazzuola. Sai che il botox si fa a iniezioni? Ecco. Lei se lo fa a clisteri.

Succede. Ci sono chirurghi che ti tirano talmente tanto le zampe di gallina che diventi improvvisamente cittadina onoraria di Tokyo, ti vengono gli occhi a mandorlissima. Effetto Kitano. Comunque, dopo l'ultima botta di Silicon Valley, di botulino amoroso du du e da da da, la bella Renée ha cambiato completamente i connotati. Giuro. È un'altra. Non sapresti giudicare se più bella o più brutta. Semplicemente un'altra. Si è talmente trasformata che quando è stata ora di pagare il conto il chirurgo non l'ha riconosciuta e le ha detto: "Ah, paga lei il conto della Zellweger?".

È andata a una festa a Beverly Hills e non la facevano manco entrare. Pensavano fosse un'altra persona. Menomale che c'era il fidanzato e hanno riconosciuto lui. Ma chi l'ha operata? Un tecnico della Lego? Dottor Frankenstein? L'Allegro chirurgo con la pinzetta che fa *pe pe pe*? Ma la cosa che mi ha scatenato le furie è che quando le hanno chiesto il perché di questo cambiamento così radicale lei ha risposto: "Mi dicono che sono cambiata, ma io sono diversa perché sono felice".

Allora. Renetta, 'scolta. Anche Bolt è felice quando vince, ma ha sempre la stessa faccia! Non è che diventa pallido come una rana albina e gli aumentano le tette di una taglia... Quando si è felici si è diverse perché si è allegre, non ti parte un cric che ti alza il culo di venti centimetri! L'entusiasmo non ti fa la blefaroplastica... Se una è felice perché ha preso la tredicesima non è che torna a casa con le tette della quarta... "Clelia? Hai visto che occhi da sorcio cinese mi son venuti ? È perché mio figlio ha passato la maturità..." No, perché allora, quando uno è triste, cosa gli capita? Che gli vengono le gambe storte, il naso a grondaia e gli si accorcia il walter di colpo?

Vade uretra, Satana!

Finalmente una notizia positiva. Il professor Stefano Rho, il pisciatore solitario, quello che era stato licenziato per aver fatto pipì nei cespugli undici anni fa, è stato reintegrato a scuola. Oh là. Son proprio contenta. Non so se ha dovuto superare degli esami, alla prostata magari... comunque la sua scuola l'ha riammesso in servizio, anche se per sicurezza il preside ha eliminato tutte le siepi dal cortile.

Adesso mi raccomando, professore, mi faccia un piacere. Faccia sempre la pipì prima di uscire di casa. Così, per precauzione. Si sforzi. Sia previdente. Faccia come fanno le donne, che sono lungimiranti. La donna prima di uscire di casa si mette tre gocce di profumo, e fa tre gocce di pipì. E poi parte serena. Invece, voi maschi fate gli spavaldi e dite: "Eh, tanto non mi scappa. Io controllo la mia vescica come Messi controlla la palla. La potenza è nulla, senza il controllo. Vade uretra, Satana!". Peccato però che, tempo un'ora, vi vediamo con gli occhi gialli a saltellare sul posto come i passerotti.

Avete sempre qualcosa di più importante da fare che non far pipì. Che poi, foste Leonardo da Vinci che studia il volo degli uccelli o Raffaello che dipinge Madonne, lo capirei... ma siete dei pirla che stanno giocando alla PlayStation. Li vedo solo io? Sulla Torino-Milano? Col vento dei TIR che gli scarmiglia i capelli? Uomini di cinquant'anni impalati sul bordo della strada come fontane col putto con lo zampillo che sbuca? Tutto per la vostra maledetta autostima che vi fa pensare di avere delle vesciche grosse come palle da baseball. Noi donne siamo l'opposto. Noi che abbiamo l'autostima grossa come una nocciola delle Langhe, la facciamo di continuo. A casa prima di uscire, poi al ristorante, prima del cinema, dopo il film... Siamo tarate come un impianto d'irrigazione, ci azioniamo automaticamente ogni tot minuti.

E a proposito di pipì, in inglese *paipì*, in francese *pisoise*, in tedesco *Oktoberfest*, è in arrivo l'oggetto del secolo. Una ditta inglese che si chiama PlumbWorld e che produce articoli da bagno si è inventata una novità pazzeschissima. Il Privi-Pee, attrezzo miracoloso per guarire dalla "Sindrome della vescica timida". Molti maschi dominanti, che magari sono capi capissimi, amministratori delegati, funzionari, mastri gelatai, capiprogetto e duci che comandano legioni, quando c'è da fare la pipì negli orinatoi pubblici si vergognano. Forse perché temono il confronto col pistolino del pisciator vicino. E quindi questi inglesi si sono inventati il Privi-pee, che sarebbe un mantello nero, col cappuccio, dotato di ventose che si appiccicano al muro e che serve, appunto, per fare pipì negli orinatoi pubblici senza farsi vedere. Una specie di seggio elettorale.

Tu, pisciatore inibito, per superare la tua timidezza ti munisci di Privi-pee, entri nell'autogrill col tuo mantello sotto il braccio, vai nel bagno degli uomini e... *svazazan!* ti trasformi in Batman, e a quello che la sta facendo vicino a te viene l'infarto.

Ma ti sembra una soluzione furba? Cioè, tu ti senti a disagio e allora per ovviare al problema monti su sto tendone e diventi il circo Togni?! Tu pensa gli altri, che entrano a far pipì sereni e si trovano di fianco il conte Dracula. Un beatopaolo incappucciato. Ma io dico: hai paura che abbinino alla tua faccia il tuo walter malmesso? Basta infilare una maschera di Zorro. A te o al walter. Scegli tu.

Mondadori Libri S.p.A.

Questo volume è stato stampato
presso ELCOGRAF S.p.A.
Stabilimento - Cles (TN)

Stampato in Italia - Printed in Italy